Excel でまなぶ プログ

JN070006

icrosoft Corporation の,
社名および製品名は,
標です。

もくじ

ダウンロードデータ

テキスト内に掲載されているプログラムデータは,
https://www.jikkyo.co.jp/download/ からダウン
ロードできます(「Excelでまなぶ」で検索してください)。

プログラミングとは何か

▶「こんにちは」と表示するには?

プログラミングとはプログラムを作成することです。**プログラム**とは，コンピュータに対する命令の集まりのことです。たとえば，「こんにちは」という文字列（文字の集まり）を画面に表示するようにコンピュータへ命令する場合は，次のプログラムを実行します。

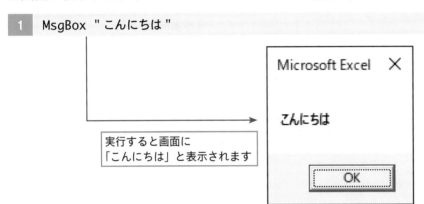

```
1  MsgBox "こんにちは"
```

実行すると画面に
「こんにちは」と表示されます

あいさつをされると嬉しい気分になりますよね。あいさつは大事なコミュニケーションです。知っている人から「こんにちは」ってあいさつをされたら，「こんにちは」と返しますよね。

口頭で伝える　　　　　　コンピュータが理解できる言葉を入力する

しかし，コンピュータに対しては日本語で伝えるのではなく，コンピュータが理解できる言葉をキーボードで入力して伝えます。上のプログラムの例だと，「MsgBox "こんにちは"」という文が，コンピュータの理解できる言葉です。このようにコンピュータが理解できる言葉のことを**プログラミング言語**といいます。

つまり，プログラミングとは，人間がコンピュータに行わせたい命令を，プログラミング言語を使って記述することです。

▶ 私たちのまわりの身近なプログラム

　プログラムはパソコンやスマートフォンだけでなく，日常生活の多くの場面で活用されています。たとえば，自動販売機に組み込まれているプログラムを考えてみましょう。

　150円のジュースを購入するために自動販売機のボタンを押します。しかし，自動販売機に150円以上のお金が投入されていないと，ボタンを押してもジュースは出てきません。また，ジュースを購入すると，表示しているお金が減少します。自動販売機に表示されているお金で購入できるジュースのランプだけが点灯し，そうでない場合は点灯しません。

お金が入っていない状態で
ボタンを押しても反応しない

購入可能なジュースのみ
ランプが点灯する

購入すると自動販売機に
表示されているお金が減少する

　このようなプログラムが自動販売機には組み込まれています。もちろん，たくさんあるプログラミング言語（51ページ参照）のどれを使ってもよいわけではなく，自動販売機に組み込まれているコンピュータが理解できるプログラミング言語を使わなければなりません。

　世の中にはさまざまなプログラミング言語が存在しますが，本書ではExcelという表計算ソフトに組み込まれているVBAというプログラミング言語を用いてプログラミングをまなびます。まずは，ExcelやVBAとは何かをまなびましょう。

▲身近なところで使われているプログラムの例

Excelと プログラミング

▶ Excelとは何か

　Excelとはマイクロソフト社が開発した**表計算ソフト**です。表計算ソフトとは，データの集計を行ったり，集計結果をグラフ化したりするアプリケーションソフトのことです。スプレッドシートともいいます。Excelは簡単な操作でさまざまなデータ処理が行えるため，世の中で広く使われているソフトです。

　四則演算（＋－×÷のこと）が行えるだけでなく，集計を簡単にするためにExcelでは**関数**というしくみを使用しています。関数とは，あらかじめ決められた特定の処理を行い，その結果を返すしくみです。たとえば，特定の範囲の合計を計算する，という処理を行って処理結果を返すには「SUM関数」を利用し，特定の範囲の中で最も大きい値を取り出す，という処理を行って処理結果を返すには「MAX関数」を利用します。

　Excelを使うと次のような処理が簡単に行えます。

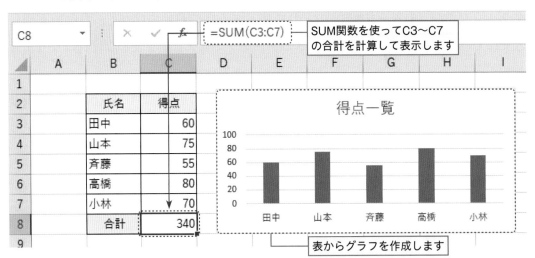

▶ VBAとは何か

　VBAとはVisual Basic for Applicationsのことで，WordやExcelなどのアプリケーションソフトの操作を自動化したり，機能を拡張したりするためのプログラミング言語です。Visual Basicというプログラミング言語がもとになっており，「Basic」という名のとおり

プログラミング初心者でも理解しやすいプログラミング言語です。VBAを使うと関数だけでは実現できない複雑な計算や，データの読み込みや印刷などの処理の組み合わせを自動的に行わせることができます。

　たとえば，ほかのファイルを開いて，必要なデータを取り出し，計算した後に印刷を行う，という一連の処理を，VBAを使えばボタン1つで行うことができます。

ボタンをクリックすると…　　　　　　　　　　ファイルを自動で読み込んで集計して印刷

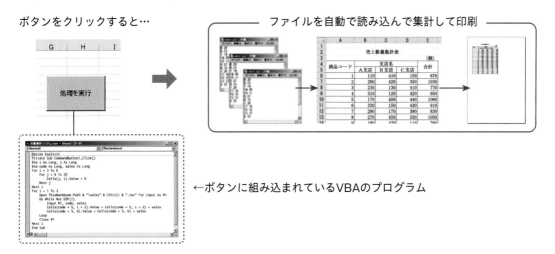

←ボタンに組み込まれているVBAのプログラム

▶ Excelでプログラミング

　Excelは実社会で広く使われているため，ほとんどのパソコンにインストールされています。また，Excelに組み込まれているVBAは，Excelさえあれば，新たなソフトをインストールしたり特別な設定をしたりしなくてもすぐに使うことができます。このような理由からプログラミングを最初に学ぶにはVBAが適しています。

　実社会で広く使われているExcelの処理を自動化する，ということがVBAの本来の役割です。しかし，本書では実務で使える実践的なVBAをまなぶだけではなく，**ゲーム作成をとおして楽しく遊びながらプログラミングをまなぶ**ことを目的としています。VBAで楽しくプログラミングをまなび，そして，VBAに限らずさまざまなプログラミング言語でも役に立つプログラミングの文法や考え方などをまなびましょう。

Excel に活用できる

新しいソフト不要

簡単に始められる

プログラミングの考え方が身につく

ゲームをつくって楽しく身につく

3 はじめての プログラミング

▶作成するプログラム

シート上のボタンをクリックすると，ダイアログボックスで「こんにちは」と表示されます。

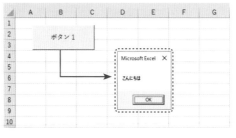

▶開発タブの設定

ExcelにはVBAが組み込まれていますが，初期状態ではVBAを使うためのタブが表示されていません。VBAを使うためには「開発」というタブを表示する必要があります。まずはその設定を行いましょう。

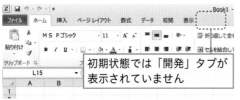

初期状態では「開発」タブが表示されていません

「開発」タブが表示されてVBAを使う準備ができました

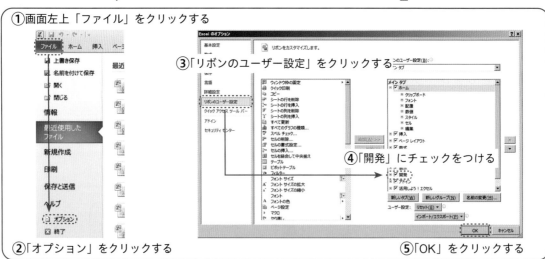

①画面左上「ファイル」をクリックする

②「オプション」をクリックする

③「リボンのユーザー設定」をクリックする

④「開発」にチェックをつける

⑤「OK」をクリックする

▲開発タブの表示方法

▶ ボタンの挿入

　ボタンが押されたときやセルの値が変更されたときなど，さまざまなタイミングでプログラムは実行されます。ボタンを押したらプログラムが実行されるという処理が一番わかりやすいため，本書では，ボタンをクリックするとプログラムが実行されるようにプログラミングを行います。そのために，まずはプログラムを実行するきっかけとなるボタンを挿入してみましょう。

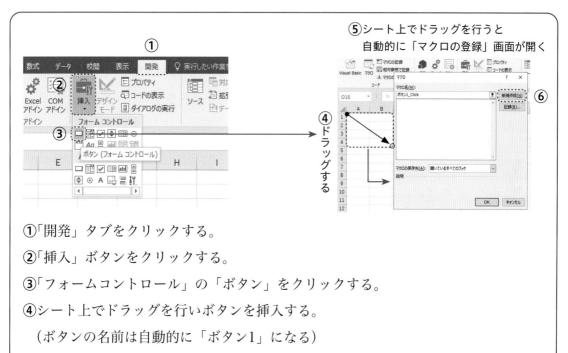

①「開発」タブをクリックする。

②「挿入」ボタンをクリックする。

③「フォームコントロール」の「ボタン」をクリックする。

④シート上でドラッグを行いボタンを挿入する。

　（ボタンの名前は自動的に「ボタン1」になる）

⑤自動的に「マクロの登録」画面が表示される。

⑥「新規作成」をクリックしてプログラムを作成する。

プラスα

　マクロとは，処理を自動化する機能のことです。マクロはVBAで記述されているので「マクロの登録」画面でVBAのプログラムを作成することができます。

　また，上記で設置した「ボタン」とよく似たものとして，ActiveX（アクティブエックス）コントロールの「コマンドボタン」があります。「ボタン」と同じく「挿入」ボタンから設置でき，「ボタン」同様VBAプログラムの登録が行えます。「コマンドボタン」はボタンそのものの色やフォントの色を変更するなど，細かい設定が可能ですが，本書ではそれらの設定を行わないため，上記のとおりシンプルな「フォームコントロール」の「ボタン」を使用します。

▶プログラムの入力

「マクロの登録」画面の「新規作成」をクリックすると，下のような画面が表示されます。これがVBA開発環境であるVBE（Visual Basic Editor）の画面です。VBAプログラムはVBEを使って作成します。

左上の**プロジェクトエクスプローラー**では，現在開いているプロジェクトの確認や変更ができます。前ページのように「マクロの登録」画面の「新規作成」をクリックすると，**標準モジュール**という場所にプログラムを記述することになります。標準モジュールでは，自動的に作成された「Module1」が選択されています。また，左下の**プロパティウィンドウ**では，選択しているオブジェクト（Excel上で操作される対象のモノ）のプロパティの確認と変更を行うことができます。右側の**コードウィンドウ**では，VBAプログラムの確認と入力ができます。

コードウィンドウの「Sub ボタン1_Click()」と「End Sub」のあいだにはさまれているプログラムが，先ほど設置した「ボタン1」をクリックしたときに実行されます。「Sub ボタン1_Click()」の次の行に以下のプログラムを入力してみましょう。

	プログラム例
1	Sub ボタン1_Click()
2	MsgBox "こんにちは"　　　← 追加するプログラムは赤色で表示しています
3	End Sub

└─ 行番号は説明のために付けているので入力の必要はありません

◆◆◆ **ダイアログボックスにメッセージを表示する**

メッセージボックス
MsgBox 文字列

文字列は「"（ダブルクォーテーション）」で囲う必要がある。

プラスα

　プログラムは半角英文字で入力します。また，あらかじめVBAで決められている命令は，小文字で入力をしても，VBEの機能により大文字にすべき箇所は自動的に大文字になります。スペースも自動的に調整されます。「msgbox"こんにちは"」と入力して↓や⏎（エンターキー）を押すと「MsgBox "こんにちは"」と自動的に変換されます。なお，コード内での改行はプログラムの実行に影響を与えません。2行目と3行目に改行が挿入されて，「End Sub」が4行目になっても問題ありません。

▶プログラムの実行

　プログラムを入力したら，ボタンをクリックして実行してみましょう。VBEからExcelの画面に切り替えるには，左上のExcelのマークをクリックします。なお，Excelの「開発」タブ内の左端の「Visual Basic」をクリックすると，再度，VBEの画面に切り替えることができます。

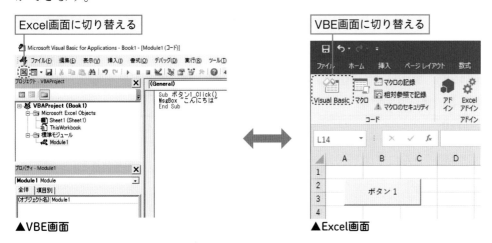

▲VBE画面　　　　　　　　　　　　　　▲Excel画面

　Excel画面に挿入したボタンをクリックすると，先ほど入力したプログラムが実行されて，ダイアログボックスで「こんにちは」と表示されます。

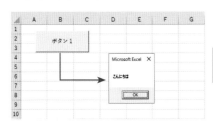

「MsgBox "こんにちは"」という命令が実行されて，ダイアログボックスで「こんにちは」と表示されます

▶ エラーになったら

　たとえば,「MsgBox "こんにちは"」と入力するところを「B」と「d」を間違えて「Msgdox "こんにちは"」と入力して実行した場合どうなるでしょうか。入力が間違ったままボタンをクリックして実行すると,「こんにちは」と表示されずに下の画面のように「コンパイルエラー」と表示されます。

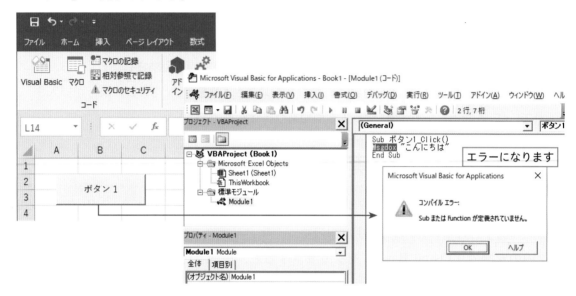

　この場合,「OK」をクリックし,**リセットボタンを押して一度プログラムを終了させて**からプログラムを訂正します。

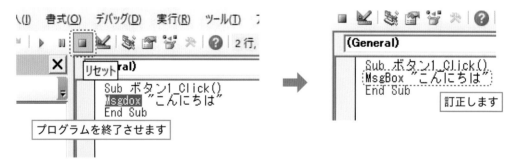

▶ 保存と読み込み

　VBAのプログラムを含んだExcelファイルを通常のExcelファイルの形式（.xlsx）で保存しようとすると, 右のようなメッセージが表示されます。

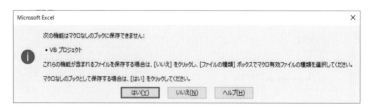

このまま「はい」をクリックして保存すると，作成したプログラムが消えてしまうのでクリックしないようにしましょう。VBAのプログラムを含むExcelファイルを保存するときは，「ファイルの種類」で**マクロ有効ブック(.xlsm)**を選択して保存する必要があります。

保存したVBAプログラムが入力されているExcelファイルを開くと，画面上部に「セキュリティの警告」と表示されます。これは，Excelファイルに何か不正なプログラムが入力されており，うかつに実行しては危ないので，初期設定ではVBAの実行を無効にするようになっているからです。今回は自分で作成したプログラムであり，安全性には問題がないので，**コンテンツの有効化**をクリックしてVBAが実行できるようにしましょう。

プラスα

　プログラミングでは，複数の処理を1つにまとめたものを**プロシージャ**と呼びます。ボタンを設置して「新規作成」をクリックすると，コードウィンドウへ自動的に「Sub ボタン1_Click()」と「End Sub」が入力されていました。これは，プロシージャの中のSubプロシージャという単位でプログラムを実行することを表しています。

　また，「マクロの登録」画面では，自動的に「マクロ名」が「ボタン1_Click」となっていましたが，変更することが可能です。たとえば，「マクロ名」を「プログラム1実行」と入力して「新規作成」を行うと，「Sub ボタン1_Click()」ではなく「Sub プログラム1実行()」というコードが自動的に生成されます。

 # セルに表示してみよう

◆ プログラムをつくってみよう

　ボタンをクリックすると，セルE2，セルD3，セルB5〜D5に次のような文字を表示させましょう。

▶ セルへ文字を表示する

　まずはシート上にボタンを挿入しましょう。そして，「マクロの登録」画面で「新規作成」をクリックし，VBEの画面を開いてプログラムを入力します。

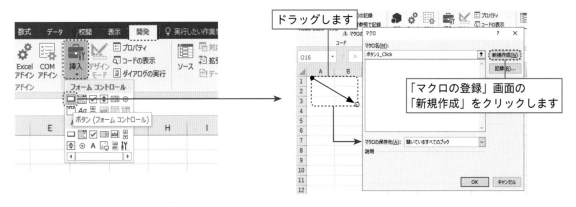

　まずはボタンをクリックすると，セルE2に「おはよう」と表示するプログラムを作成します。VBEのコードウィンドウに次のプログラムを入力しましょう。

プログラム1

```
1  Sub ボタン1_Click()
2  Range("E2").Value = "おはよう"        ←  セルE2に「おはよう」と表示
3  End Sub
```

　プログラムを入力し，Excel画面に切り替えて，ボタンをクリックしてプログラムを実行すると，セルE2に「おはよう」と表示されます。

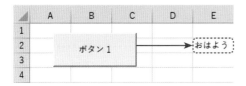

このプログラム「Range("E2").Value = "おはよう"」を理解するために，オブジェクトとプロパティという考え方を学びましょう。

▶オブジェクトとプロパティ

VBAでは，操作をする対象のことを**オブジェクト**といいます。たとえば，シートやセル範囲がオブジェクトとしてあげられます。そのオブジェクトが備えている属性のことを**プロパティ**といい，セルというオブジェクトのプロパティとして，セルの値やセルのフォント，セルの背景色などがあげられます。

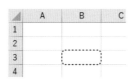

たとえば，セルB3というオブジェクトの…

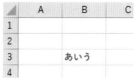

値を表すプロパティに「あいう」を設定　　背景の色を表すプロパティに黄色を設定　　フォントの色を表すプロパティに赤色を設定

つまり，プログラム「Range("E2").Value = "おはよう"」は，Range("E2")でセルE2というオブジェクトを指定し，値を表すValue**プロパティ**に「おはよう」という文字列を設定しています。

◆◆◆ **セルの範囲を指定する**

　　　レンジ
　　　Range（**セル範囲**）

セル範囲は「"（ダブルクォーテーション）」で囲う。英文字は小文字でもよい。

セルE2という
オブジェクトを表す　値を表すプロパティ

Range("E2")　Value = "おはよう"

オブジェクト.プロパティ = 値

13

▶ さまざまなセルの指定方法

　セルD3に「こんにちは」と表示し，セルB5〜D5に「元気？」と表示するプログラムを追加します。

元気?

	プログラム2
1	Sub ボタン1_Click()
2	Range("E2").Value = "おはよう"
3	Cells(3, 4).Value = "こんにちは"　　　← セルD3に「こんにちは」と表示
4	Range("B5:D5").Value = "元気？"　　　← セルB5〜D5に「元気？」と表示
5	End Sub

◆◆◆ **セルの範囲を縦と横の位置で指定する**

　　　Cells（縦位置,横位置）^{セルズ}

縦位置は行番号，横位置は列番号を表し，数値で指定する。

　3行目の「Cells(3,4)」は，ワークシートの上から3番目，左から4番目のセルを表します。

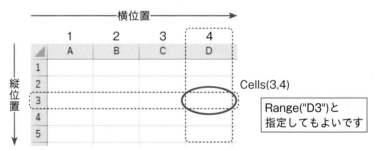

　4行目のように，開始セルと終了セルをコロン（:）でつなぐことにより，連続した範囲を指定することができます。また，コンマ（,）で区切ることにより，複数の独立した範囲を指定できます。

Range("C1:D3")

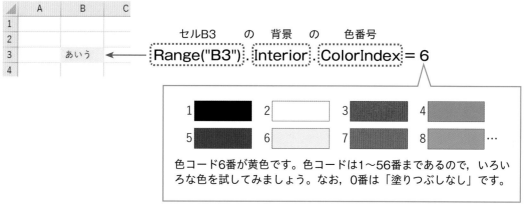

離れた場所を同時に指定する
Range("A3,A5:C5")

▲Rangeによるセル範囲の指定方法の例

　また，**プログラムは上から下に順次実行**されます。2行目で「おはよう」と表示したあとに，3行目で「こんにちは」と表示し，最後に「元気？」と表示します。ただし，コンピュータの実行速度が速いため，すべて同時に表示しているように見えます。

▶ セルの背景やフォントを設定する

　RangeやCellsで指定したセルには，さまざまなプロパティがあります。Interiorプロパティでは指定したセルの背景を指定することができます。さらに，ColorIndexプロパティで色を指定すると背景色を指定することもできます。

セルB3　の　背景　の　色番号
Range("B3") . Interior . ColorIndex = 6

1	■	2	□	3	■	4	■
5	■	6	□	7	■	8	■ …

色コード6番が黄色です。色コードは1〜56番まであるので，いろいろな色を試してみましょう。なお，0番は「塗りつぶしなし」です。

　また，Fontプロパティでは指定したセルのフォントを指定することができます。背景と同様にフォントの色も変更することができます。

セルB3　　のフォントの　　色番号
Range("B3") . Font . ColorIndex = 3

練習問題 1-1

◆STEP1◆

ボタンをクリックすると，セルA2に「やっほー！」，セルA3に「Excelで」，セルB4に「プログラミングを」，セルD5に「楽しく学ぼう！」と表示するプログラムをRangeを使ってつくってみましょう。

◆STEP2◆

ボタンをクリックすると，セルA1～A10に「ひまわり」という文字を表示するプログラムをつくってみましょう。

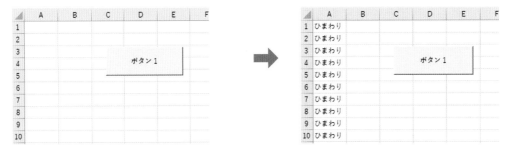

◆STEP3◆

セルB1～E6を使って，ドイツの国旗をつくってみましょう。

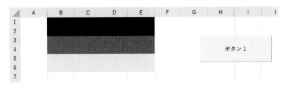

ドイツの国旗ができたら，ほかの国の国旗もつくってみましょう！

例

ロシア

イタリア

アメリカ合衆国

◆STEP4◆

ボタン1をクリックすると，セルA1〜L15に星空をつくるプログラムをつくってみましょう。

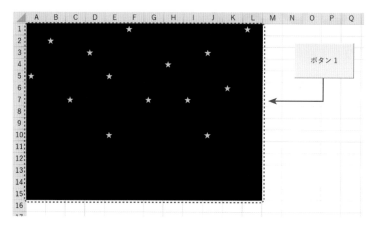

　　1つ1つRangeを使って書くとプログラムが長くなってしまい複雑になりますが，セルをコンマ（,）で区切って指定すると1行で指定することができます。

例：セルA1，B3，C4に「1」を表示する。

```
Range("A1").Value = "1"
Range("B3").Value = "1"        Range("A1,B3,C4").Value = "1"
Range("C4").Value = "1"
```

STEP4を応用すると星座もつくることができるので，ぜひ挑戦してみましょう。

例

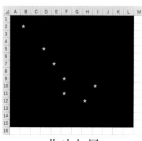

北斗七星

カシオペヤ座

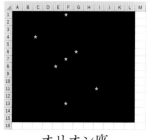

オリオン座

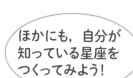

ほかにも，自分が知っている星座をつくってみよう！

5 コンピュータと会話をしよう

◆プログラムをつくってみよう

　ボタンをクリックすると，コンピュータがあなたの名前と年齢を聞いてきます。それぞれ答えると，入力した名前や年齢に応じてコンピュータが話しかけてきます。

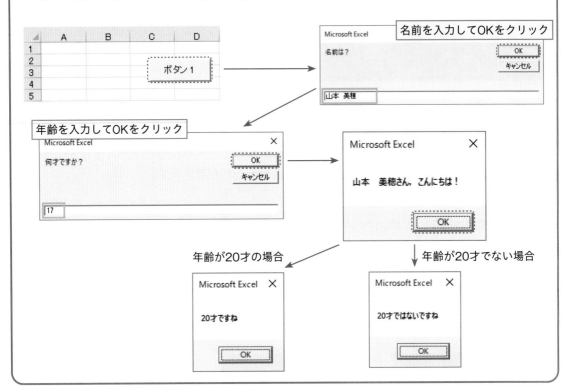

▶ユーザーが入力した文字や数値を受け取る

　シートに挿入したボタンをクリックすると，ユーザーが文字や数値を入力できるダイアログボックスを表示します。ボタンの挿入は7ページや12ページを参考にしましょう。

プログラム3

```
1  Sub ボタン1_Click()
2  InputBox("名前は?")    ← 入力用のダイアログボックスを表示
3  End Sub
```

◆◆◆ **ユーザーが入力したテキストを受け取る**

InputBox（表示する文字列）

表示する文字列は，"名前は？"や"金額を入力して下さい"などである。

　しかし，このままではユーザーが名前を入力しただけで，そのあとに利用することができません。あとでコンピュータに「○○さん，こんにちは！」と入力した名前を話させるためには，入力した値をどこかに**保管**しておく必要があります。

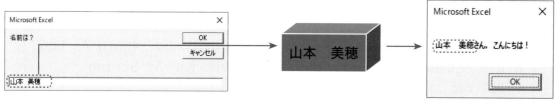

どこかに保管するから，あとから呼び出して使うことができる！

▶ 変数の利用

　文字列や数値を保管するための場所として**変数**を利用します。変数とは，文字列や数値を格納できる名前のついた保管場所のことです。変数は使用するにあたって，変数の名前や保管するデータの種類（文字列か数値かなど）をあらかじめ決めておく必要があります。このことを**変数の宣言**といいます。また，変数の値を変更することを**代入**といいます。

プログラム4

```
1  Sub ボタン1_Click()
2  Dim namae As String        ← 「String型」の「namae」という名前の変数を宣言
3  namae = InputBox("名前は？")   ← 入力した値を「namae」に代入
4  End Sub
```

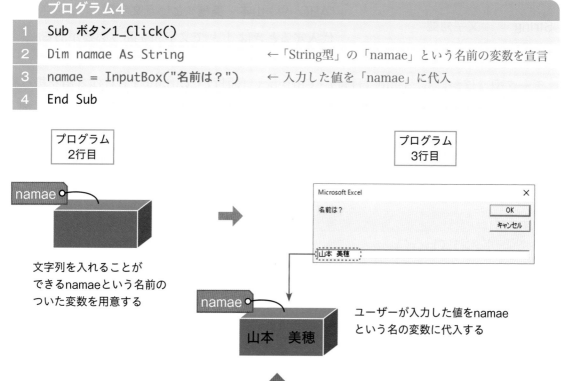

プログラム
2行目

プログラム
3行目

文字列を入れることが
できるnamaeという名前の
ついた変数を用意する

ユーザーが入力した値をnamae
という名の変数に代入する

▶ 変数の宣言

変数は使用する前にDim文で変数の宣言を行う必要があります。

◆◆◆ **変数を宣言する**

Dim 変数名 As データ型

19ページの例：Dim namae As String

変数名は，数字や記号ではじめることができない，予約語（あらかじめ決められている意味のあるキーワード）は使用できない，などのルールがある。

> ○ Dim uriage As Long
> × Dim 5gatuUriage As Long
> 　数字ではじまっている
>
> ○ Dim Hanbai_4gatu As Long
> × Dim for As String
> 　予約語を使っている

データ型は，保管するデータの種類を指定します。代表的なものとして次のデータ型があります。

データ型	データの種類	値の例や範囲
インテジャー Integer	整数型	-32,768 ～ 32,767
ロング Long	長整数型	-2,147,483,648 ～ 2,147,483,647
ダブル Double	倍精度浮動小数点型	整数も格納できる
ストリング String	文字列型	"ABC" や " 山本　美穂 " という文字列 代入するときは「"」で文字列を囲う必要がある

データ型はほかにも，Date（日付）・Currency（通貨）・Variant（あらゆる値を扱う）などがあります。基本的には，**整数はLong型，小数を使う可能性があるならDouble型，文字列はString型**を使えばよいです。

年齢を入力して，年齢を変数に代入する命令文も追加しましょう。

プログラム5

1	Sub ボタン1_Click()
2	Dim namae As String
3	Dim nen As Long　　　　　　　　← 年齢は整数なのでLong型で宣言
4	namae = InputBox("名前は？")
5	nen = InputBox("何才ですか？")　　← ユーザーが入力した整数を変数nenに代入
6	End Sub

▶ 文字列の結合

ユーザーが入力した文字列は変数namaeに代入されています。その値を利用して，メッセージボックスで「○○さん，こんにちは！」とあいさつを行います。

変数namaeに代入されているユーザーが入力した名前です

"さん，こんにちは！"という文字列です

変数namaeと"さん，こんにちは！"という文字列を結合するために，&（アンパサンド）を使用します。

プログラム6
1	Sub ボタン1_Click()
〜	〜	← プログラム5の1〜5行目
6	MsgBox namae & "さん，こんにちは！" ← 文字列を & で結合
7	End Sub

もし，このプログラムで変数namaeを使わずにMsgBox "山本　美穂さん，こんにちは！"と入力すると，ユーザーがどのような名前を入力しても，つねに「山本　美穂さん，こんにちは！」と表示されてしまうので注意が必要です。また，&の左右には半角スペースを挿入しないとエラーになることもあるので気をつけましょう。

▶ 条件分岐

プログラムは**上から下**に順次実行されます。しかし，「温度が20度以上なら電源を停止する」とか「年齢が20才以上なら入場料は2,000円，そうでないなら入場料は1,500円」など，ある条件によって処理を分ける場合があります。このことを**条件分岐**といいます。このプログラムではユーザーが入力した年齢が「20」という数値がどうか，という条件でプログラムを分岐させています。

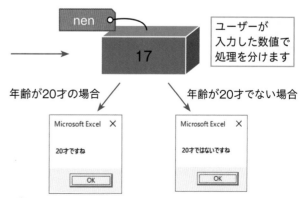

nen

ユーザーが入力した数値で処理を分けます

年齢が20才の場合

年齢が20才でない場合

▶If文

VBAでは条件分岐をIf文で表します。

◆◆◆ 条件式により処理を分ける

```
If 条件式 Then
    条件式を満たした場合の処理
Else
    条件式を満たさなかった場合の処理
End If
```

「条件式を満たさなかった場合の処理」がない場合は，Elseを省略できる。また，Elseの中には，さらにIf文を入れることもできる。

追加するプログラムと処理の動作イメージは次のとおりです。

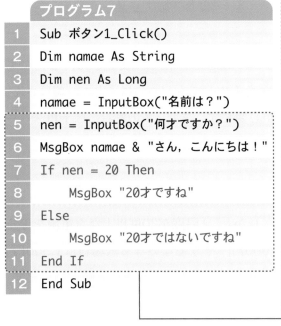

```
プログラム7
1   Sub ボタン1_Click()
2   Dim namae As String
3   Dim nen As Long
4   namae = InputBox("名前は？")
5   nen = InputBox("何才ですか？")
6   MsgBox namae & "さん，こんにちは！"
7   If nen = 20 Then
8       MsgBox "20才ですね"
9   Else
10      MsgBox "20才ではないですね"
11  End If
12  End Sub
```

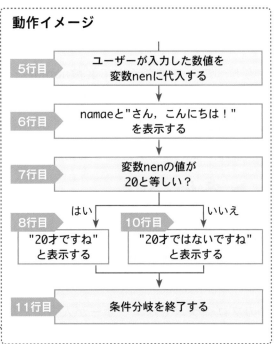

動作イメージ

- 5行目：ユーザーが入力した数値を変数nenに代入する
- 6行目：namaeと"さん，こんにちは！"を表示する
- 7行目：変数nenの値が20と等しい？
- 8行目（はい）："20才ですね"と表示する
- 10行目（いいえ）："20才ではないですね"と表示する
- 11行目：条件分岐を終了する

　このプログラムでは，条件式を満たした場合は8行目を実行し，そして9〜10行目をとばしてIf文を終了します。なお，実行する処理は複数行記述してもよいです。たとえば，nen = 20という条件式を満たした場合，「20才ですね」と表示したあと，さらに「大人ですね」と表示するのであれば，8行目と9行目の間にMsgBox "大人ですね"というプログラムを追加するとよいです。

▶比較演算子
ひ かくえんざん し

「nen = 20」という式の「=」のように，式を比較するための記号を**比較演算子**といいます。年齢を代入した変数nenを例に示すと次のとおりです。

比較演算子	意味	例	
<	未満	15才未満	nen < 15
<=	以下	15才以下	nen <= 15
>	より大きい	20才より大きい	nen > 20
>=	以上	20才以上	nen >= 20
=	等しい	20才と等しい	nen = 20
<>	等しくない	20才以外	nen <> 20

練習問題 1-2

◆STEP1◆

ボタンをクリックすると入力用のダイアログボックスを表示し，入力された値をExcelのB1，B2セルに表示させるプログラムをつくってみましょう。

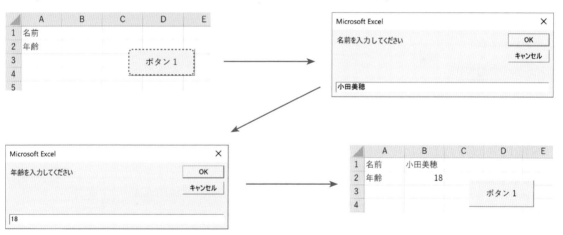

◆STEP2◆

以下のように，コンピュータと会話するプログラムをつくってみましょう。

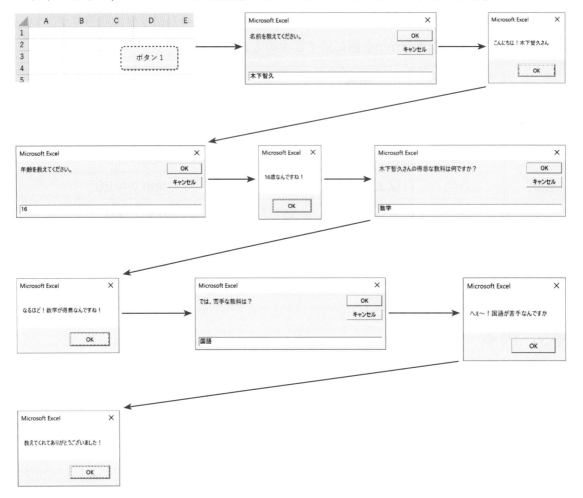

◆STEP3◆

STEP2を以下のように変更してみましょう。

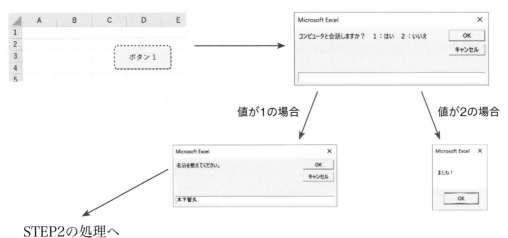

◆STEP4◆

テストの点数が70点以上かどうか判断するプログラムをつくってみましょう。

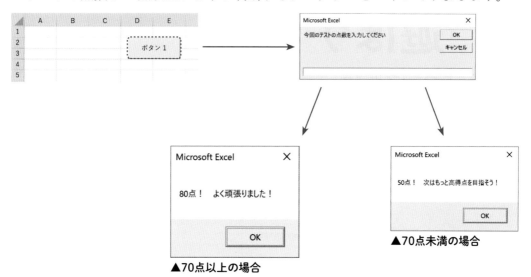

▲70点以上の場合

▲70点未満の場合

※それぞれ入力された点数とコメントをメッセージボックスで表示します。

◆STEP5◆

STEP4のテストの評価基準を少し細かくしたプログラムをつくってみましょう。

例：80点以上，60点以上80点未満，60点未満の3つの場合

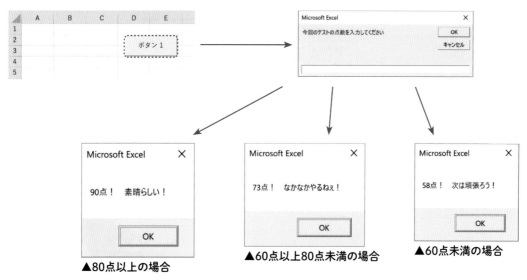

▲80点以上の場合

▲60点以上80点未満の場合

▲60点未満の場合

※STEP4と同様に，点数とコメントをメッセージボックスで表示します。

ヒント：80点以上，60点以上，それ以外で分けてみたときに，どのようにプログラムを書いたらよいでしょう？

コンピュータと遊ぼう

◆プログラムをつくってみよう

　ボタンをクリックすると，1～30のランダムな数字が答えとして設定されます。ユーザーは数字を入力して答えを当てます。正解でない場合は，答えよりも大きいか小さいかのヒントを表示し，正解すると「正解！」と表示します。

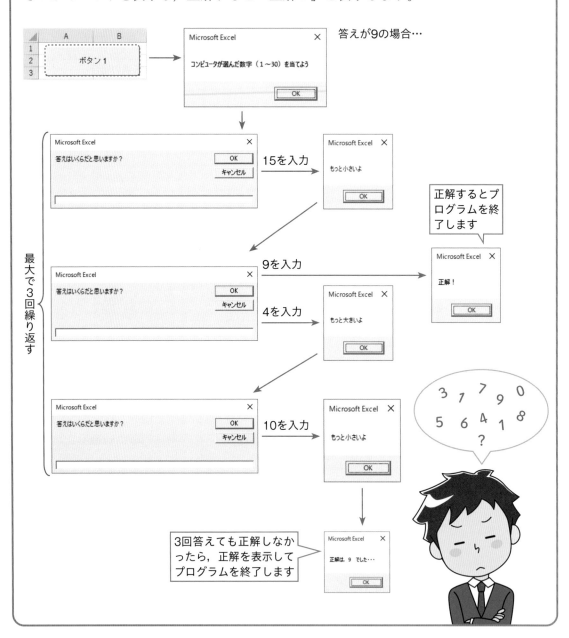

▶ 乱数の設定

まずは，ボタンを挿入してVBEの画面を表示しましょう。そして，答えとなる1〜30の
ランダムな数字を変数に設定しましょう。

プログラム8

```
1  Sub ボタン1_Click()
2  MsgBox "コンピュータが選んだ数字（1〜30）を当てよう"
3  Dim kotae As Long              ← 変数kotaeをLong型で宣言
4  kotae = Int(Rnd() * 30) + 1    ← kotaeに1〜30の乱数を設定
5  End Sub
```

4行目で変数kotaeに1〜30のランダムな整数を代入しています。乱数を設定するために
使用しているInt関数やRnd関数，乱数の詳しい説明などは，第2章第2節「占いの館へよ
うこそ」（40ページ）でまなびます。

▶ 回答の設定

ユーザーが回答を入力し，その回答と答えを比較して正解しているかどうかの判定を行
います。回答が正解と同じなら，「正解！」と表示してプログラムを終了します。回答よ
り答えが小さければ「もっと小さいよ」と表示し，答えが大きければ「もっと大きいよ」
と表示します。

プログラム9

```
1   Sub ボタン1_Click()                              ⎫ プログラム8の
〜            〜                                      ⎬ 1〜4行目
5   Dim kaitou As Long
6   kaitou = InputBox("答えはいくらだと思いますか？")    ← 回答を入力
7   If kaitou = kotae Then                          ← 回答と答えが同じ場合
8       MsgBox "正解！"
9       End                                         ← プログラムを終了する
10  End If
11  If kaitou > kotae Then        ← 回答より答えが小さい場合
12      MsgBox "もっと小さいよ"
13  Else                          ← 回答より答えが大きい場合
14      MsgBox "もっと大きいよ"
15  End If
16  End Sub
```

▶ プログラムの終了

正解するとプログラムを終了します。

◆◆◆ プログラムを終了する

End
（エンド）

プログラム9（一部）

7	If kaitou = kotae Then
8	MsgBox "正解！"
9	End
10	End If
11	If kaitou > kotae Then
12	MsgBox "もっと小さいよ"
13	Else
14	MsgBox "もっと大きいよ"
15	End If

※ 7〜10行目のIf文はElseが省略されている

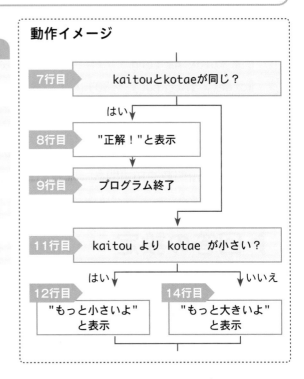

動作イメージ

▶ 繰り返し処理

回答の入力と判定処理を3回繰り返すために，Do〜Loop文を使用します。

◆◆◆ 処理を繰り返す

Do While 式
（ドゥー ホワイル）
    処理
Loop
（ループ）

式を満たしているあいだは処理を繰り返す。
式はkaisu<=3 And kotae < > kaitouのように複合条件にもできる。
（Andは「かつ」，Orは「または」の意味）
また，Do Whileの中にIf文などでExit Doを入れるとDo While文から抜けられる。

Loop回数は1から始めて回数が3以下のあいだは繰り返す，という命令にすると3回繰り返すことができます。

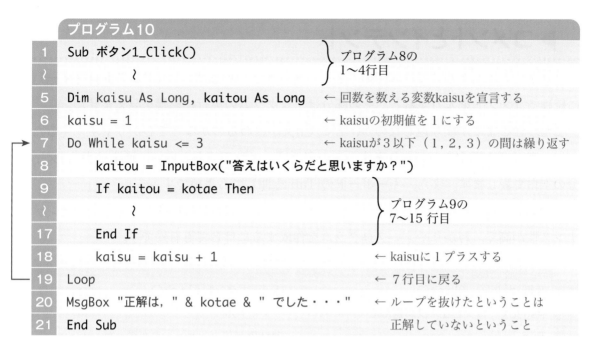

プログラム10

1	Sub ボタン1_Click()	プログラム8の
～	～	1～4行目
5	Dim kaisu As Long, kaitou As Long	← 回数を数える変数kaisuを宣言する
6	kaisu = 1	← kaisuの初期値を1にする
7	Do While kaisu <= 3	← kaisuが3以下（1，2，3）の間は繰り返す
8	kaitou = InputBox("答えはいくらだと思いますか?")	
9	If kaitou = kotae Then	プログラム9の
～	～	7～15 行目
17	End If	
18	kaisu = kaisu + 1	← kaisuに1プラスする
19	Loop	← 7行目に戻る
20	MsgBox "正解は，" & kotae & " でした・・・"	← ループを抜けたということは
21	End Sub	正解していないということ

繰り返しに注目したプログラムの流れは次のとおりです。

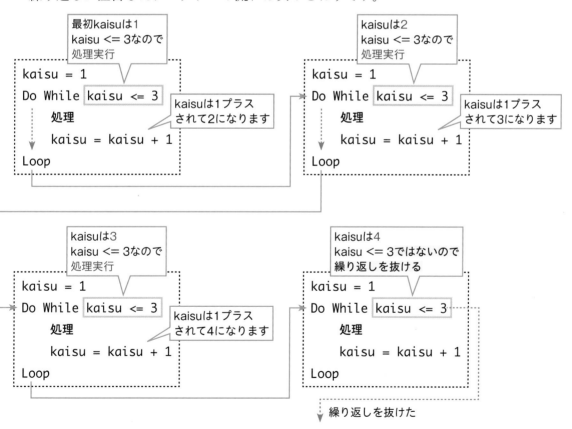

▶ コメントとインデント

プログラムに加えるメモや説明のことを**コメント**といいます。「'（アポストロフィー）」に続けてコメントを入力すると，その部分はプログラムの実行に影響を与えません。

また，どこまでが繰り返しなのか，どこでIf文が終わるのかなどをわかりやすくするために，字下げを行うことがあります。この字下げを**インデント**といい，通常は半角4文字分の空白で表します。また，キーボードの Tab を押してもよいです。

コメントやインデントを入力しなくてもプログラムの実行には影響しませんが，メンテナンス性が高く，わかりやすいプログラムを作成するにはとても有効です。

	コメント・インデントがない場合	コメント・インデントがある場合
1	Sub ボタン1_Click()	Sub ボタン1_Click()
2	MsgBox "コンピュータが選んだ　・・・	'タイトル
3	Dim kotae As Long	MsgBox "コンピュータが選んだ　・・・
4	kotae = Int(Rnd() * 30) + 1	'答えの設定
5	Dim kaisu As Long, kaitou As Long	Dim kotae As Long
6	kaisu = 1	kotae = Int(Rnd() * 30) + 1
7	Do While kaisu <= 3	Dim kaisu As Long, kaitou As Long
8	kaitou = InputBox("答えは　・・・	kaisu = 1
9	If kaitou = kotae Then	'回数が3以下の間は繰り返す
10	MsgBox "正解！"	Do While kaisu <= 3
11	End	kaitou = InputBox("答えは　・・・
12	End If	If kaitou = kotae Then
13	If kaitou > kotae Then	MsgBox "正解！"
14	MsgBox "もっと小さいよ"	End　　　'正解の場合は終了する
15	Else	End If
16	MsgBox "もっと大きいよ"	If kaitou > kotae Then
17	End If	MsgBox "もっと小さいよ"
18	kaisu = kaisu + 1	Else
19	Loop	MsgBox "もっと大きいよ"
20	MsgBox "正解は, " & kotae & "　・・・	End If
21	End Sub	kaisu = kaisu + 1
22		Loop
23		'不正解の場合
24		MsgBox "正解は, " & kotae & "　・・・
25		End Sub

▶ Select Case文
（セレクト　ケース）

If文での条件分岐が複雑になるときにはSelect Case文で表すこともできます。

◆◆◆◆ 条件式により処理を分ける

```
Select Case 式
  Case 値1
    式が値1の場合の処理
  Case 値2
    式が値2の場合の処理
  Case Else
    式が値1や値2以外の場合の処理
End Select
```

ここでは，22ページのIf文をSelect Case文で表してみます。

	プログラム11
1	Sub ボタン1_Click()
2	Dim namae As String
3	Dim nen As Long
4	namae = InputBox("名前は？")
5	nen = InputBox("何才ですか？")
6	MsgBox namae & "さん，こんにちは！"
7	Select Case nen
8	Case 20
9	MsgBox "20才ですね"
10	Case Else
11	MsgBox "20才ではないですね"
12	End Select
13	End Sub

動作イメージ

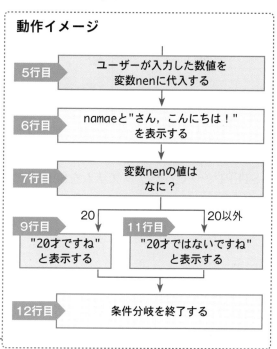

31

◆STEP1◆

みなさん，じゃんけんって小さいときは遊びとして，今では何かを決定するときにしますよね。ここではIf文を使ってじゃんけんゲームをつくってみましょう。もちろん，出せる手は自分も相手も「グー」・「チョキ」・「パー」の３パターンです。

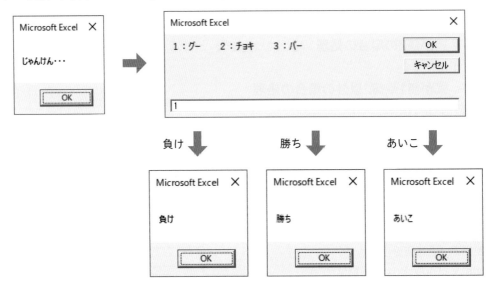

◆STEP2◆

STEP1でつくったプログラムをSelect Case文でつくりなおしてみましょう。

> 実行結果の見た目を変えずにプログラムを変えることを「リファクタリング」といいます

◆STEP3◆

それでは，じゃんけんの勝敗を決めましょう。3回先に勝った人を勝者として表示し，このゲームを終了させるように工夫してみましょう。

（次ページへ）

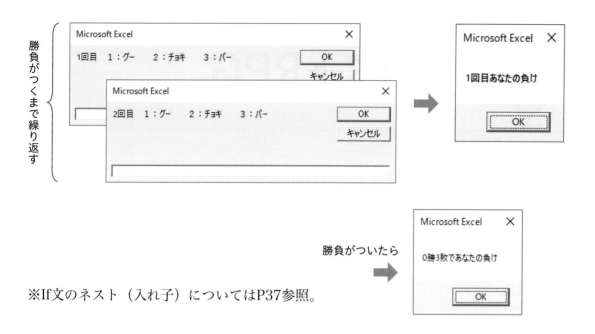

勝負がつくまで繰り返す

勝負がついたら

※If文のネスト（入れ子）についてはP37参照。

プログラマーに向いている人　COLUMN

　プログラムをつくる人をプログラマーといいます。プログラマーには欠かすことができない三大美徳[*]がある，といわれています。

　1つ目が「怠惰（たいだ）」です。怠け者な人は単純な繰り返し作業を嫌がります。繰り返し作業を早く終わらせて楽をするためには，その作業をコンピュータに押し付ければよいのです。

　2つ目が「短気」です。コンピュータに仕事を任せたけれど，問題が起きて動作しなくなったり，処理が遅かったりすることがあります。それでは腹が立つので，そうならないためにあらゆる問題を想定してプログラムをつくる必要があります。

　3つ目が「傲慢（ごうまん）」です。自分は素晴らしいプログラムが書けるのだ，と思っているからこそ，他人に文句を言われるのは嫌です。誰にも文句を言わせないためには完璧なプログラムを書く必要があります。怠け者で，怒りっぽくて，自信満々な人はプログラマーに向いている，かもしれませんね。

＊ラリー・ウォール他『プログラミングPerl』オライリー・ジャパン，1997年

テキストRPG
ロールプレイングゲーム

◆ゲームの遊び方

1. ボタンをクリックして，プレイヤーの名前を入力します。
2. 冒険を進めていき，行動を数字で答えて先へ進んでいきます。

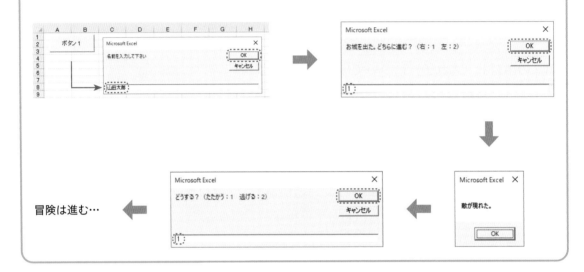

▶ ボタンの設置と名前の入力

　まずは，第1章の7ページを参考にして，プログラムを実行するボタンを設置してみましょう。

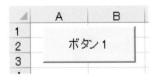

　ボタンが設置できたら，次に名前を入力するプログラムを入力しましょう。

実行例

Microsoft Excel　　　　　　　　×

名前を入力して下さい　　　　　OK
　　　　　　　　　　　　　　キャンセル

山田太郎

プログラム2−1−1

```
1  Sub ボタン1_Click()
2    Dim namae As String              ←文字列型の変数namaeの準備
3    namae = InputBox("名前を入力して下さい")   ←ユーザーの入力結果をnamaeに代入
4  End Sub
```

入力ができたらプログラムが思いどおりの動作をするか確認しましょう。

少しずつ動作確認を行うことが
エラーの早期発見につながるよ

▶イベントの表示

次に，イベントを表示するプログラムを追加しましょう。処理を実行するきっかけを**イベント**といい，これには「ボタンをクリック」したときや，「キーが押されたとき」などがあります。なお，VBAは「イベント駆動型プログラム」という分類になります。

実行例

Microsoft Excel	×
お城を出た。どちらに進む？（右：1 左：2）	OK
	キャンセル

```
1
```

プログラム2−1−2

```
1  Sub ボタン1_Click()
2    Dim namae As String
3    namae = InputBox("名前を入力して下さい")
4    Dim toi1 As Long                ←整数型の変数toi1の準備
5    toi1 = InputBox("お城を出た。どちらに進む？(右：1  左：2)")
6  End Sub                          ↑入力された値をtoi1に代入
```

このプログラムでは数値を入力して
ＯＫボタンを押しても何も起こりません

入力される値は数値（1または2）なので，ここでは整数型の変数toi1を準備します。

実行例のようにダイアログボックスが表示されたら正しくプログラムが入力されています。

どっちに進む??

35

▶コマンドの入力とメッセージの表示

　次に，数値（1または2）を入力し，OKボタンを押すとそれぞれの数値に対するメッセージが表示されるプログラムを追加してみましょう。

　1を入力した場合は，「敵が現れた。」と表示し，2を入力した場合は「○○は武器屋にたどり着いた。」と表示します。※○○はプレイヤーの名前が表示されます。

◀実行例▶

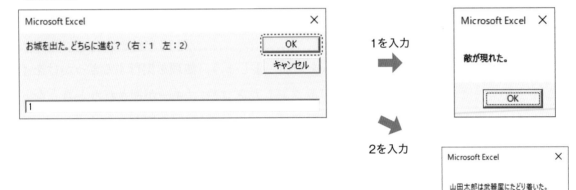

1を入力

2を入力

	プログラム2-1-3
1	Sub ボタン1_Click()
2	Dim namae As String
3	namae = InputBox("名前を入力して下さい")
4	Dim toi1 As Long
5	toi1 = InputBox("お城を出た。どちらに進む？(右：1　左：2)")
6	If toi1 = 1 Then　　　　　　　　←toi1に代入された値が1のとき
7	MsgBox "敵が現れた。"
8	Else　　　　　　　　　　　　　←それ以外のとき
9	MsgBox namae & "は武器屋にたどり着いた。"
10	End If　　　　　　　　　　　　←If文の終了
11	End Sub

　toi1に代入された値が1かどうかを判定するために，if文を利用します。

プラスα

　メッセージボックスに文字列を表示するとき，プログラムの9行目のように「 & 」を使うと，変数と文字列を結合した文字列をメッセージボックスに表示することができます。

▶ イベントを追加（If文のネスト）

　ある処理の中に，さらに処理を加えることで，より複雑な処理を行うことができます。このことを**ネスト（入れ子）**といいます。下のイメージ図のように，If文の中にさらにIf文を追加して，ストーリーを展開します。

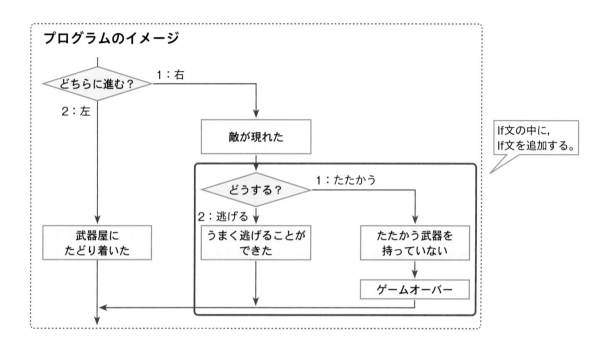

プログラムのイメージ

If文の中に，If文を追加する。

　次は，「敵が現れた。」というメッセージのあとに，実行例のようなイベントを表示するプログラムを追加してみましょう。

◀ 実行例 ▶

プログラム2−1−4（プログラム2−1−3に追加）

```
1   Sub ボタン1_Click
‹           ‹
8       Dim teki1 As Long
9       teki1 = InputBox("どうする？(たたかう：1　逃げる：2)")
10      If teki1 = 1 Then
11          MsgBox "たたかう武器を持っていない！"
12          MsgBox namae & "は敵に倒された…ゲームオーバー！"
13      Else
14          MsgBox "うまく逃げることができた。"
15      End If
16  Else
‹           ‹
```

- 1行目: プログラム2-1-3の 1〜7行目
- 8〜15行目: プログラム2-1-3の 7行目の下に追加
- 16行目: プログラム2-1-3の 8〜11行目

上記のように，If文の中にIf文を記述した場合などは，字下げ（インデント）してプログラムを入力することで，まとまりがわかりやすくなり，プログラムが読みやすくなります。

▶ RPGゲームの工夫例

実行例のように，先ほど追加したイベントの中に，「アイテム：3」という選択肢を増やし，それに対応したメッセージを表示するプログラムを追加してみましょう。

実行例

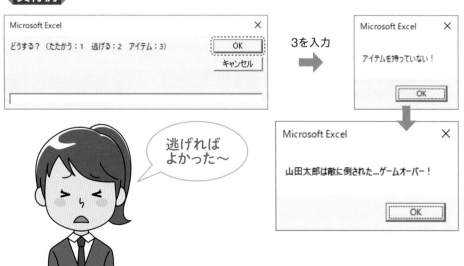

プログラム2-1-5 (プログラム2-1-4に追加と変更)

```
1   Sub ボタン1_Click
~              ~
9    teki1 = InputBox("どうする？(たたかう：1  逃げる：2  アイテム：3)")
10   If teki1 = 1 Then
11    MsgBox "たたかう武器を持っていない！"
12    MsgBox namae & "は敵に倒された…ゲームオーバー！"
13   Else
14    If teki1 = 2 Then
15     MsgBox "うまく逃げることができた。"
16    Else
17    MsgBox "アイテムを持っていない！"
18    MsgBox namae & "は敵に倒された…ゲームオーバー！"
19    End If
20   End If
21   Else
22    MsgBox namae & "は武器屋にたどり着いた。"
23   End If
24  End Sub
```

プログラム2-1-4の
1～8行目

←teki1に代入された値が2のとき

←それ以外のとき

プログラム2-1-4の
9～15行目を変更

「If～Else～」では，条件を満たす場合の処理と，条件を満たさない場合の処理の2つの処理を行います。プログラムの13行目のように，「ElseIf～」を使うことで，さらに条件を追加することが可能となります。これにより，2つ以上の複数の処理を行うことができるようになります。

さあ，自分の思い描くストーリーをつくり，冒険を続けてみよう！

練習問題 2-1

「武器屋にたどり着いた。」メッセージのあとのストーリーを考え，続きのイベントを表示するプログラムを入力してみましょう。

プログラム2-1-6 (プログラム2-1-5の22行目から)

```
22       MsgBox namae & "は武器屋にたどり着いた。"
23       ここにプログラムを追加する。
~              ~
    End If
    End Sub
```

プログラム2-1-5の
23～24行目

占いの館へ
ようこそ

◆ゲームの遊び方

1. ボタンをクリックして，プレイヤーの名前を入力します。

2. 次に自分の誕生日を数字4ケタで入力します。

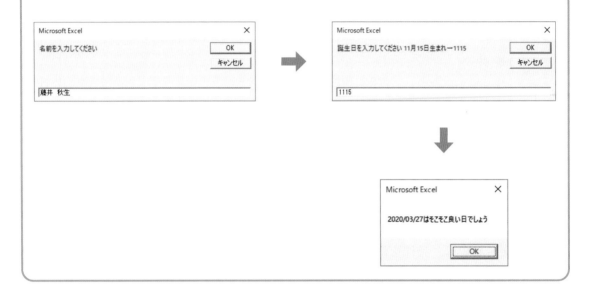

▶イベントを追加（Date, Rnd, Int）

（デイト　アールエヌディー　イント）

　　入力された4ケタの誕生日をもとに，Date関数（関数については4ページ参照）で返された本日の日付のシリアル値とRnd関数（※1）で返された値を用いて判断のもとにする値を算出させます。そしてその値をもとに占い結果を表示させます。

> Date関数…本日の日付を返す。
>
> Rnd関数……0以上1未満の乱数を返す。
>
> Int関数……小数点未満を切り捨てる。

※1　ランダム関数と読む場合もある。

プログラム2-2-1

```
1  Sub ボタン1_Click ()
2    Dim namae As String
3    Dim tanjyoubi As Long
4    Dim atai As Double
5    namae = InputBox("名前を入力してください")
6    tanjyoubi = InputBox("誕生日を入力してください 11月15日生まれ→1115")
7    atai = Date                        ←シリアル値
8    atai = Int(atai / tanjyoubi)
9    atai = atai * Rnd()                ←atai × (0以上1未満の値)
〱              〱
```

＜判断のもとになる値の算出＞

(1) Date関数で本日の日付のシリアル値をataiに代入する。　〈7行目〉

  atai = Date

(2) ataiを誕生日で割り，小数点未満を切り捨てる。　〈8行目〉

  atai = Int(atai / tanjyoubi)

(3) ataiをRnd関数で返された値とかけ算し，ataiに代入する。　〈9行目〉

  atai = atai * Rnd()

＜ataiの算出例＞

```
本　日：2020年3月25日
誕生日：11月15日
1  atai ← 43915
2  atai ← Int(43195/1115)
3  atai ← 38 * Rnd()
ataiは29.668・・・になる。
```

占いの種明かし！

プラスα

　Date関数で返されるシリアル値は，1900年1月1日が「1」となり，1日ごとに1ずつ値が増えます。このような決まりで2020年3月25日は「43915」になります。

ここで算術演算子の紹介です。

算術演算子	意味	例	結果（a=5,b=2 の場合）
＋	加算	a＋b	7
-	減算	a - b	3
＊	乗算（かけ算）	a＊2	10
/	除算（割り算）	a / b	2.5
￥	割り算の商	a￥b	2
Mod	割り算の余り	a Mod b	1
^	べき乗	a ^ b	25

プログラム2-2-1（続き）

```
10   If atai > 100 Then
11     MsgBox Date & "はいいことあるでしょう"
12   Else
13     If atai > 10 Then
14       MsgBox Date & "はそこそこ良い日でしょう"
15     Else
16       MsgBox Date & "はおとなしくしましょう"
17     End If
18   End If
19 End Sub
```

<値からIf文を用いて占い結果を表示する>

atai	メッセージ
100 より大きい	いいことあるでしょう
10 より大きく 100 まで	そこそこ良い日でしょう
それ以外	おとなしくしましょう

39ページでまなんだ「ElseIf～」が使えるね

プラスα

ここでは判定にataiが，

① 「100より大きい」，② 「10より大きい」，「①・②以外」

の3パターンのみですが，判定分岐を増やすことによって，もっと細かい占いを作成することができます。しかし，分岐が増えるとプログラムが煩雑になるので注意が必要であり，Select Case文（31ページ参照）を用いるなどの工夫が必要となります。

誕生日を利用して「ソウルナンバー占い」を作成しましょう。

（1）自分の誕生年，誕生月，誕生日の数字を加算します。

（2）1で算出された値を1ケタずつに分けて加算します。

（3）2で算出された値をまた1ケタずつに分けて加算します。

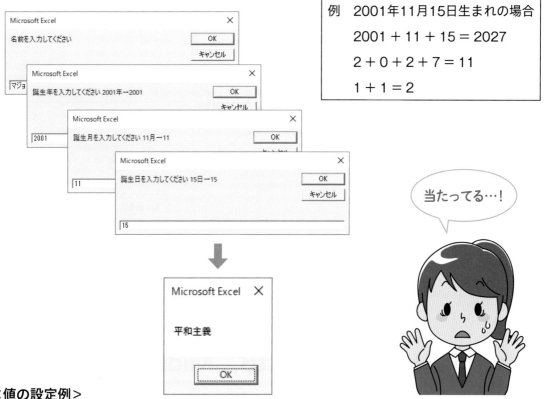

```
例  2001年11月15日生まれの場合
    2001 ＋ 11 ＋ 15 ＝ 2027
    2＋0＋2＋7＝11
    1＋1＝2
```

当たってる…!

<値の設定例>

値	メッセージ	備考
1	アイディアマン	アイディア豊富。
2	平和主義	社交的で付き合い上手。
3	お祭り好き	誰とでも仲良くできる人気者。
4	保守的	伝統や習慣を重んずる。
5	パイオニア	既存の概念にとらわれない。
6	ロマンチスト	家族の絆を大切にします。
7	インテリ	研究者向き。
8	大物	問題解決が得意。
9	エンターテイナー	人々を楽しませるのが大好き。

ドキドキ！相性診断

◆ゲームの遊び方

1. ボタンをクリックして，彼氏？の名前を入力します。
2. 次に彼女？の名前を入力します。

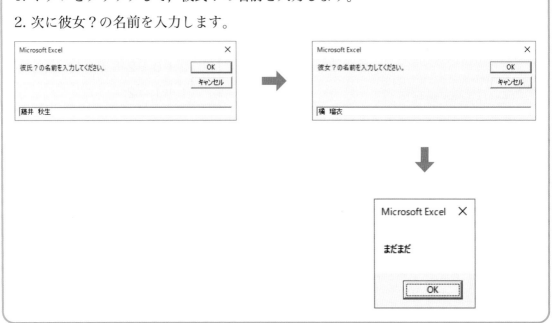

▶イベントを追加（LeftB, MidB, AscW）
（レフトビー　ミッドビー　アスクダブリュー）

　彼氏？と彼女？の名前をもとに，それぞれの名前をLeftB関数とMidB関数で名前の一部分を取り出し，AscW関数で文字コードに変換して合計した値を算出します。この値の差を求め，差が小さいときには「相性が良い」と判断し結果を表示させます。

> LeftB関数 …文字列の左から指定した文字数の文字を返す。
>
> MidB関数 …文字列の指定した場所から指定した文字数の文字を返す。
>
> AscW関数 …文字を文字コードに変換する。

```
1   Sub ボタン1_Click ()
2    Dim karesi As String
3    Dim kanojyo As String
4    Dim kare1 As String
5    Dim kare4 As String
6    Dim kano1 As String
7    Dim kano4 As String
8    Dim kare1atai As Long
9    Dim kare4atai As Long
10   Dim kano1atai As Long
11   Dim kano4atai As Long
12   Dim atai1 As Long
13   Dim atai2 As Long
14   karesi = InputBox("彼氏？の名前を入力してください。")
15   kare1 = LeftB(karesi, 2)
16   kare4 = MidB(karesi, 7, 2)
17   kare1atai = AscW(kare1)
18   kare4atai = AscW(kare4)
19   atai1 = kare1atai + kare4atai
20   kanojyo = InputBox("彼女？の名前を入力してください。")
21   kano1 = LeftB(kanojyo, 2)
22   kano4 = MidB(kanojyo, 7, 2)
23   kano1atai = AscW(kano1)
24   kano4atai = AscW(kano4)
25   atai2 = kano1atai + kano4atai
  ₹        ₹
```

<判断のもとになる値の算出>

（1）彼氏？の名前の先頭から2バイト（日本語1文字分）を取り出します。 (15行目)

　　kare1 = LeftB (karesi, 2)

　　今回の彼氏？の例「藤井　秋生」では先頭から2バイト取り出すので「藤」が取り出されます。

(2) 彼氏？の名前の先頭から4文字目から2バイト（日本語1文字分）を取り出します。

〈16行目〉

```
kare4 = MidB (karesi, 7, 2)
```

今回の彼氏？の例「藤井　秋生」では4文字目（7バイト目）から2バイト取り出すので「秋」が取り出されます。

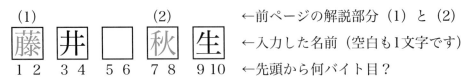

←前ページの解説部分（1）と（2）
←入力した名前（空白も1文字です）
←先頭から何バイト目？

(3) 取り出した2文字の文字コードを合計し，atai1に代入します。 〈19行目〉

```
atai1 = kare1atai + kare4atai
```

(4) 彼女？についても（1）〜（3）と同様に算出します。

プラスα

AscW関数はUnicode（ユニコード）の文字コード番号を調べます。「さ」の場合，「12373」となり，「A」のときは「65」になります。

プログラム2-3-1（続き）

```
26    If Abs(atai1 - atai2) < 100 Then
27      MsgBox "結婚"
28    Else
29      MsgBox "まだまだ"
30    End If
31  End Sub
```

<値からIf文を用いて占い結果を表示>

Abs関数を用いて，atai1とatai2の差の絶対値を求めよう！

```
If Abs (atai1 - atai2) < 100 Then
    MsgBox "結婚"
Else
    MsgBox "まだまだ"
End If
```

相性ってムズかしいわよね…

Abs関数（エービーエス）…値の絶対値を返す。

練習問題 2-3

　相性の良い画数の順位を求めましょう。ここでは名字は使わずに名前（下の名前）の画数をもとにします。名前が一文字の人は画数に＋1した数値で入力します(たとえば, 一（ハジメ）なら2画にします)。

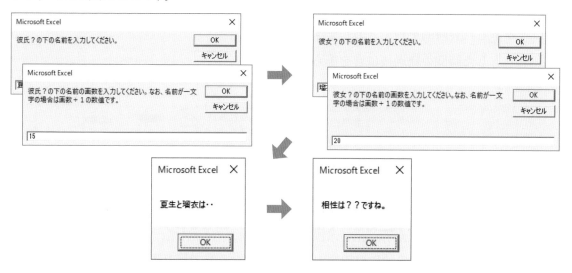

＜結果の例＞

彼氏？の画数	彼女？の画数	メッセージ
8	13	相性第1位です。
10	21	相性第2位です。
13	12	相性第3位です。
それ以外		相性は？？ですね。

＜複数の値（複合条件）を使ったSelect Case文＞

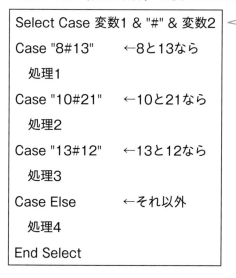

```
Select Case 変数1 & "#" & 変数2
Case "8#13"      ←8と13なら
    処理1
Case "10#21"     ←10と21なら
    処理2
Case "13#12"     ←13と12なら
    処理3
Case Else        ←それ以外
    処理4
End Select
```

複数の値（複合条件）を使った
Select Case文でつくってみよう

自分タイマー

◆ ゲームの遊び方

1. セットしたい時間を秒で入力します。

2. セットした時間の経過後に音を鳴らします。

▶ イベントを追加（Timer，Beep）
（タイマー）（ビープ）

　セットした秒数を現在の秒に追加し，終了時刻になるまで繰り返します。経過時間後はBeep音（電子機器が通知のために発する音）を鳴らし，終了のメッセージを表示します。

> **Timer関数**…本日0:00:00からの経過時間を秒数で返す。
>
> **Beep関数**……コンピュータのスピーカーからビープ音を鳴らす。

Beep関数はコンピュータに
依存するので注意が必要だよ

プログラム2-4-1

```
1  Sub ボタン1_Click ()
2    Dim now_t As Double
3    Dim set_t As Double
4    set_t = InputBox("設定時間を秒で入力してください。")
5    now_t = Timer
6    Do While Timer < now_t + set_t
7    Loop
⟨        ⟩
```

＜経過時間の算出＞

(1) 設定時間を秒で指定し，set_tに代入します。 <small>（4行目）</small>

```
set_t = InputBox("設定時間を秒で入力してください。")
```

(2) 現在時刻を，now_tに代入します。 <small>（5行目）</small>

```
now_t = Timer
```

(3) 終了時刻が現在時刻より大きいあいだ繰り返します。 <small>（6, 7行目）</small>

```
Do While Timer < now_t + set_t
Loop
```

プラス α

now_t（現在時刻）にset_t（設定時間）を加えて終了時刻とします。この値が現在時刻より大きいあいだ繰り返すことでタイマーの役割をします。

プログラム2－4－1（続き）

```
8     Beep
9     MsgBox set_t & "秒経過！"
10  End Sub
```

＜経過時間後に音を鳴らし，メッセージを表示＞

(1) Beep音を鳴らします。 <small>（8行目）</small>

```
Beep
```

(2) 設定時間とメッセージを表示します。 <small>（9行目）</small>

```
MsgBox set_t & "秒経過！"
```

このプログラムで長い時間を設定すると，コンピュータはタイマーが終わるまでそれ以外のことができないことがあります。そんなときは「DoEvent関数」を追加してください。

また，このBeep音ではさびしい・・という人は次のコードを「Sub ボタン1_Click ()」の上に追加してみてください。音の違いがハッキリします。

```
(General)                                    ▼  ボタン1_Click

  Declare Function BeepAPI Lib "kernel32.dll" Alias "Beep" _
  (ByVal dwFreq As Long, ByVal dwDuration As Long) As Long
  Sub ボタン1_Click()    'プログラム2-4-1
   Dim now_t As Double
   Dim set_t As Double
   set_t = InputBox("設定時間を秒で入力してください。")
   now_t = Timer
```

```
1   Declare Function BeepAPI Lib "kernel32.dll" Alias "Beep" _
2   (ByVal dwFreq As Long, ByVal dwDuration As Long) As Long      ←追加
```

※64bit版Excelでは,「Function」の前に「PtrSafe」を追加し,
　2行目カッコの中の「Long」を「LongPtr」に変更してください。

> 「WindowsのAPIを使います！」と宣言します。（あんまり気にしないでください…呪文です！）

```
8    Do While Timer < now_t + set_t
9       DoEvents           ←追加
10   Loop
11   Call BeepAPI(1200, 1000)   ←Beepから変更
12   MsgBox set_t & "秒経過！"
13   End Sub
```

> 発生したイベントがOSによって処理されるように制御を戻しています

> プログラム2-4-1の6～8行目を変更

> 1200Hzの周波数を1000ミリ秒（1秒）鳴らすよ

プラスα

Windows API（エーピーアイ）はアプリケーションからOSを操作するためのインターフェースです。これを利用することで，Windows に用意されているいろいろな機能を呼び出すことができます。

練習問題 2-4

タイマーの設定時間や音を変えて自分の使いやすいタイマーに変更しましょう。

この例では3秒前よりバロメータ（セルF4）の色が黄色へ変化し，音が鳴りだします。

	E	F	G
		現在時刻	
		11:42:03	
	START		END

設定時間の経過後（黄色の部分が終了すると），バロメータ（セルG4）の色を赤色にして，別の音を鳴らして終了します。

＜周波数の例＞

身近な音の例	おおよその周波数
車，トラックなどのエンジン音	10〜200Hz
日常会話	100Hz〜1,000Hz
バイオリンの音	200〜3,200Hz
時報の「ピ・ピ・ピ」	440Hz
時報の「ピーン」	880Hz
ピアノの鍵盤の中央の「ド」	1,046.5Hz

果報は寝て待て・・

さまざまなプログラミング言語　COLUMN

　本書ではVBAをまなびますが，世の中にはさまざまなプログラミング言語が存在します。教育用言語として開発されたVBAの祖先にあたる「BASIC」，ビジュアルプログラミング言語で世界中の子どもや大人が使っている「Scratch」，何十年も前から現在まで人気がある「C言語」，TwitterやInstagramなどのWebサービスの開発にも使われている「Java」，「Ruby」，「Python」，「PHP」などなどです。どの言語でプログラミングをまなんでも，プログラミングの基本的な構造はほとんど同じですので，ほかの言語にも応用がききます。

スロットゲーム

◆ゲームの遊び方

1. ワークシートにある3つのスロットボタンを順次クリックします。

2. 3つとも同じ数字がそろったら「大当たり！」

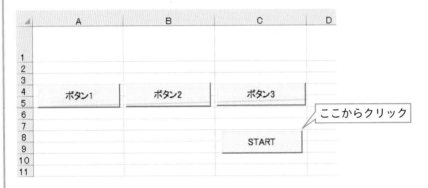

そろわなかったときは，

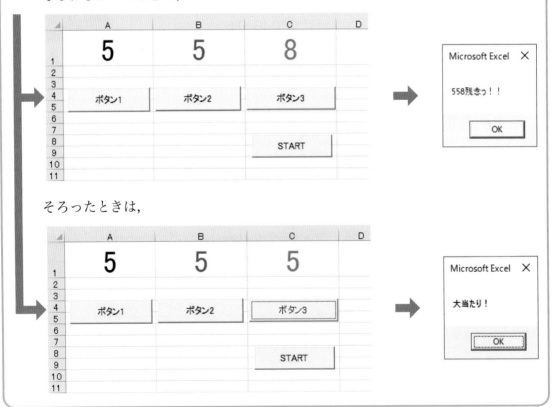

そろったときは，

▶ レイアウトの作成（ワークシート, ボタン）

スロットを表示するワークシートのセル幅やフォントをあらかじめ設定し, ボタンを貼り付けます。

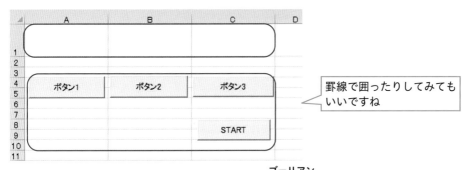

罫線で囲ったりしてみてもいいですね

▶ イベントを追加（Boolean）
ブーリアン

3つの数字それぞれにInt関数とRnd関数を用いてランダムな整数を発生させます。1つの数字に1つのボタンを用意し, 3つのボタンを押し終わったときに結果を表示させます。3つとも同じ数字なら「大当たり！」とします。

プログラム2-5-1

```
1   Dim stb1 As Boolean
2   Dim stb2 As Boolean
3   Dim stb3 As Boolean
4   Sub ボタン1_Click ()
5    stb1 = True
6   End Sub
7   Sub ボタン2_Click ()
8    stb2 = True
9   End Sub
10  Sub ボタン3_Click ()
11   stb3 = True
12  End Sub
```

ここにあるのがポイントです！

<ボタンのイベント発生>

(1) Boolean型の変数stb1を宣言します。 （1行目）

```
Dim stb1 As Boolean
```

Boolean型は, 簡単に言えば「Yes/No」を入れる型です

53

(2) ボタン1をクリックしたら，stb1にTrueを代入します。 〈4〜6行目〉

```
Sub ボタン1_Click()
    stb1 = True   ←「True」はYesのこと
End Sub
```

プログラム2-5-1（続き）

```
13  Sub ボタン4_Click ()
14   Dim StartTime As Long
15   stb1 = False
16   stb2 = False
17   stb3 = False
18   Range("A1").Value = Int(Rnd() * 10)
19   Range("B1").Value = Int(Rnd() * 10)
20   Range("C1").Value = Int(Rnd() * 10)
21   Do
22     DoEvents
23     If stb1 = False Then
24       Range("A1").Value = Int(Rnd() * 10)
25     End If
26     If stb2 = False Then
27       Range("B1").Value = Int(Rnd() * 10)
28     End If
29     If stb3 = False Then
30       Range("C1").Value = Int(Rnd() * 10)
31     End If
32   Loop While stb1 = False Or stb2 = False Or stb3 = False
33   If Range("A1").Value = Range("B1").Value And _
                       Range("B1").Value = Range("C1").Value Then
34     MsgBox "大当たり！"
35   Else
36     MsgBox Range("A1").value & Range("B1").value & _
                       Range("C1").value & "残念っ!!"
37   End If
38  End Sub
```

> 1つの命令文（ステートメント）を複数の行に分割するには，分割する位置で「 」（半角スペース）と「_」（アンダースコア）を入力します

＜スロットの作成＞

(1) 乱数を発生させ，セルに設定します。（18行目）

```
Range("A1").Value = Int(Rnd() * 10)
```

(2) 3つのボタンが押されていないあいだ繰り返します。（21～32行目）

```
Do
  DoEvents
  If stb1 = False Then
    Range("A1").Value = Int(Rnd() * 10)
  End If
          :
Loop While stb1 = False Or stb2 = False Or stb3 = False
```

> Do
> 〜
> Loop While
>
> ←この形は，Doの中に
> 入って実行し，Whileの
> 条件が成立しているあいだ
> 繰り返します

> ちょっとわかりにくいかな？

プラスα

「Subボタン1_Click()」の上で3つの変数を宣言することで，それ以外のプロシージャでイベントが発生したときに，この3つの変数を共通に使用できます。

> やったー！
> 全部そろった！

練習問題 2-5

同じ数字が3つそろったときだけではなく，特定の数値がそろったときの処理を追加してみましょう。（ラッキー7など）

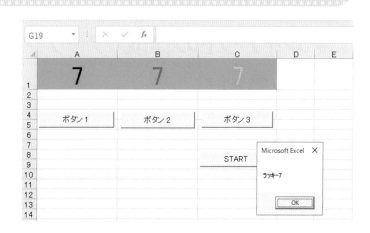

モグラたたき

◆ゲームの遊び方

1. ワークシート上に出現するモグラ「モ」をマウスでクリック！

2. 見事に当たったら，点数10点を加算，制限時間は10秒です。

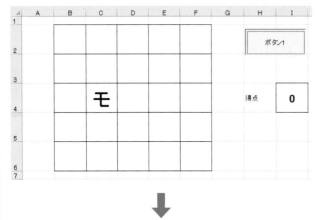

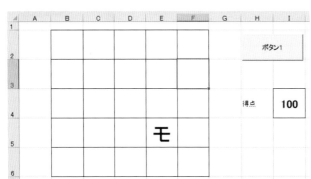

▶レイアウトの作成（ワークシート, ボタン）

モグラや点数を表示するワークシートのセル幅やフォントをあらかじめ設定し，ボタンを貼り付けます。

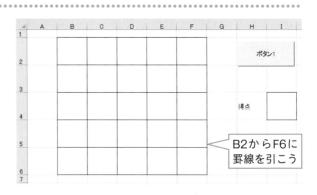

B2からF6に罫線を引こう

▶ イベントを追加（Cells().Value, ActiveCell.Value）

　これまで学習したInt関数とRnd関数を用いてランダムな整数を発生させます。その値をセルの番地とし，「モ」を出現させます。「モ」がクリックできれば点数を加算します。

プログラム2-6-1

```
1   Sub ボタン1_Click ()
2     Range("B2:F6").Value = ""
3     Dim hajime As Double
4     Dim tate As Long, yoko As Long
5     Range("I4").Value = 0
6     hajime = Timer
7     tate = Int(Rnd() * 5) + 2
8     yoko = Int(Rnd() * 5) + 2
9     Cells(tate, yoko).Value = "モ"
10    Do While Timer < hajime + 10
11      DoEvents
12      If ActiveCell.Value = "モ" Then
13        Range("I4").Value = Range("I4").Value + 10
14        Cells(tate, yoko).Value = ""
15        tate = Int(Rnd() * 5) + 2
16        yoko = Int(Rnd() * 5) + 2
17        Cells(tate, yoko).Value = "モ"
18      End If
19    Loop
20    MsgBox "ゲーム終了。得点は" & Range("I4").Value & "点です"
21  End Sub
```

＜モグラ「モ」の出現＞

（1）縦・横の位置を乱数で求め，ここでは2～6の値におさまるようにします。

　　(7,8行目)
```
    tate = Int(Rnd() * 5) + 2
    yoko = Int(Rnd() * 5) + 2
```

（2）（1）で決まったセルに「モ」を出現させます。 (9行目)
```
    Cells(tate, yoko).Value = "モ"
```

＜制限時間内の処理＞

(1) 終了時刻（現在時刻に10秒を加えた値）まで繰り返します。 ◀(6～19行目)

```
hajime = Timer
    :
Do While Timer < hajime + 10
   DoEvents
    :
Loop
```

(2) モグラ「モ」をクリックしたときの処理です。 ◀(12～18行目)

```
If ActiveCell.Value = "モ" Then ┐「いまクリックしたセルの値が「モ」なら」の意味
   Range("I4").Value = Range("I4").Value + 10   ←点数加算
   Cells(tate, yoko).Value = ""                 ←今のモグラ「モ」を消す
   tate = Int(Rnd() * 5) + 2                     ←次の位置決め
   yoko = Int(Rnd() * 5) + 2
   Cells(tate, yoko).Value = "モ"
End If
```

モグラは悪いことしていないのにたたかれるなんて理不尽な‥

▶ モグラたたきの工夫例

　このゲームはモグラの「モ」をクリックしないと，次の「モ」が出現しないので簡単に遊べます。では，次のように「モ」を出現させるコードの場所を変更してみてください。

プログラム2-6-2

```
1  Sub ボタン1_Click ()
2   Range("B2:F6").Value = ""
3   Dim hajime As Double
4   Dim tate As Long, yoko As Long
5   Range("I4").Value = 0
6   hajime = Timer
7   tate = Int(Rnd() * 5) + 2
8   yoko = Int(Rnd() * 5) + 2
9   Cells(tate, yoko).Value = "モ"
```

```
10    Do While Timer < hajime + 10
11        DoEvents
12        If ActiveCell.Value = "モ" Then
13            Range("I4").Value = Range("I4").Value + 10
14        End If
15        Cells(tate, yoko).Value = ""
16        tate = Int(Rnd() * 5) + 2
17        yoko = Int(Rnd() * 5) + 2
18        Cells(tate, yoko).Value = "モ"
19    Loop
20    MsgBox "ゲーム終了。得点は" & Range("I4").Value & "点です"
21 End Sub
```

プログラム2−6−1の14〜17行目のコードはEnd Ifを抜けた場所に移します

　いかがでしたか？パソコンのスペックにもよりますが，意外と速かったと思います。モグラも必死ですから・・。ただ，範囲内のセルがクリックされている状態（アクティブセル）だと，モグラが自爆してくるので注意が必要です。

練習問題 2-6

　一匹のモグラだけではさびしいので複数のモグラを出現させてみてはいかがですか？二匹目のモグラ「ヲ」を出現させて，クリックしたらBeep音を鳴らして得点を−10点しましょう！

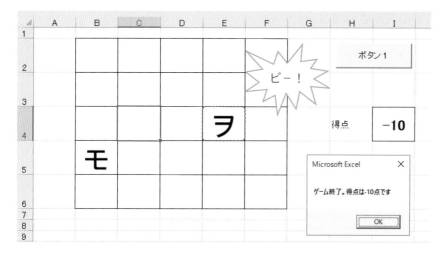

電卓アプリ

◆ミッション

　では，最初のミッションは電卓の作成です。「こんなの簡単！」って言ってくれることを期待しています！今回はワークシートを利用し，B2のセルとD2のセルに値を入力してボタンをクリックし，計算させます。

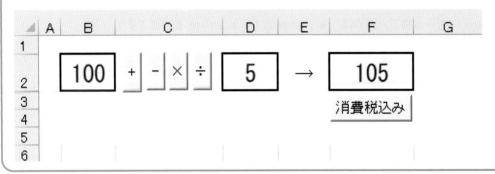

▶考え方

(1) セルB2とセルD2に数字を入力します。……①

(2) 計算ボタン（「＋」や「－」など）をクリックします。……②

(3) セルF2に計算結果が表示されます。……③

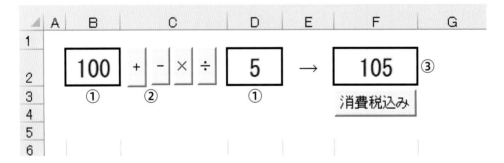

ボタンを設置し，そのあと以下のプログラムを入力します。

```
プログラム3-1-1                           ボタンに表示している文字は
                                          「ボタン1」ではなく，「+」な
1   Sub ボタン1_Click()      ← 「+」ボタン    どに変更します
2     Range("F2").Value = Range("B2").Value + Range("D2").Value
3   End Sub
```

まずは，セルB2とセルD2の値を加算して，その計算結果をセルF2に表示してみましょう。

セルB2に「100」，セルD2に「5」を入力した状態でボタンをクリックすると，100＋5の結果が表示されます。

▲	A	B	C	D	E	F
1						
2		100		5		105
3						
4			+			
5						
6						
7						

「+」ボタンがきちんと動作することを確認できたら，同様に「−」「×」「÷」ボタンを設置し，プログラムを入力します。

```
プログラム3-1-2
1   Sub ボタン1_Click()      ← 「+」ボタン
2     Range("F2").Value = Range("B2").Value + Range("D2").Value
3   End Sub
4   Sub ボタン2_Click()      ← 「−」ボタン
5     Range("F2").Value = Range("B2").Value - Range("D2").Value
6   End Sub
7   Sub ボタン3_Click()      ← 「×」ボタン
8     Range("F2").Value = Range("B2").Value * Range("D2").Value
9   End Sub
10  Sub ボタン4_Click()      ← 「÷」ボタン
11    Range("F2").Value = Range("B2").Value / Range("D2").Value
12  End Sub
```

「ボタン2」～「ボタン4」も「＋」ボタンと同様に表示している文字を「－」「×」「÷」に変更しましょう。ここまでで基本的な電卓の機能が完成します。

▲	A	B	C	D	E	F
1						
2		100		5		105
3						
4		＋	－	×	÷	

▶計算ボタンの工夫例

　次は電卓にさまざまな機能を追加してみましょう。買い物をしたら，消費税を払いますよね。うっかり消費税のことを忘れて予算オーバー・・なんてことはありませんか？そうならないように「消費税込み」ボタンをつくります。

プログラム3-1-2（続き）

```
13  Sub ボタン5_Click()        ← 「消費税込み」ボタン
14    Range("F2").Value = Int(Range("F2").Value * 1.1)
15  End Sub
```

　もうひと工夫してみます。計算結果をさらに使うことってありませんか？

　たとえば，10＋9＋8＝27のような計算です。

　ここでは簡単に，10＋9＝[19]

　　　　[19]＋8＝27の考え方で「答えを残す」ボタンを作成してみましょう。

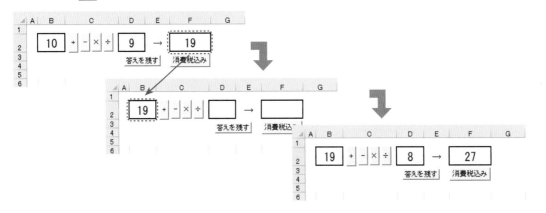

プログラム3-1-2（続き，工夫した例を追加）

```
16  Sub ボタン6_Click()                      ←「答えを残す」ボタン
17    Range("B2").Value = Range("F2").Value  ←セルF2の値をセルB2へ転記
18    Range("D2,F2").Value = ""              ←セルD2とF2を初期化
19  End Sub
```

BMI（ボディマス指数）計算機をつくってみませんか？健康は大事です。

	A	B	C	D	E	F	G	H
1		身長(cm)		体重(kg)				
2		170		59	→	20.42		
3								
4		BMI		標準体重	現在体重−標準体重		判定	
5								
6								
7						コメント		
8							標準です	
9								

ここでは，以下の4つのボタンをつくります。

BMIボタン：体重(kg) ÷ (身長(m))² をF2に表示

標準体重ボタン：BMIを「22」としたときの体重をF2に表示

現在体重−標準体重ボタン：現在の体重−標準体重（軽い場合は−（マイナス）表示）をF2に表示

現在体重が標準体重以上の場合は「やせましょう」のコメントをF8に表示

判定ボタン：BMI 18.5未満「やせてます」

18.5以上25.0未満「標準です」

25.0以上「肥満です」のコメントをF8に表示

お金かけて食べて太って
お金かけてジムに行く??

※注意する点として，身長はmですので，cmで入力した場合，100で割る必要があります。また，2乗（べき乗）の計算が出てきましたね（42ページ参照）。たとえば，身長170cm体重59kgなら　59 / (170 / 100) ^2　となります。

素数をさがせ

◆ミッション

　『素数』ってなんだっけ？素数とは「1より大きな整数で，1と自分自身でしか割り切れない数」です。たとえば，「1」は素数ではなく，「2」は素数です。さて，これを判定するプログラムをつくってみましょう。

▶考え方

(1)　「1」は素数ではないので，1のときは「素数ではありません」にしましょう。

(2)　それ以外のときは自分自身以外の数で割り切れるかどうかを試してみましょう。

プログラム3-2-1

```
 1  Sub ボタン1_Click()
 2   Dim kazu As Long
 3   Dim sosuu As Long
 4   Dim i As Long
 5   kazu = InputBox("数字を入力して下さい")
 6   sosuu = 1
 7   For i = 2 To kazu - 1
 8      If kazu Mod i = 0 Then
 9          sosuu = 0
10      End If
11   Next
12   If sosuu = 1 And kazu <> 1 Then
13      MsgBox "素数です。"
14   Else
15      MsgBox "素数ではありません。"
16   End If
17  End Sub
```

【素数の例】 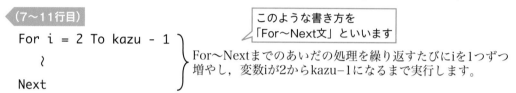 は素数ではありませんね。

	2	3		5		7			

＜素数の判断方法＞

（1）素数か素数でないかのスイッチとして変数「sosuu」を宣言し，1を代入しておきます。 （6行目）

```
sosuu = 1
```

（2）「1」は何もしません。つまり，判断を実行しないので判断は「2」からとします。また，自分自身も判断することはないので，「自分自身−1」までとします。

（7～11行目）

```
For i = 2 To kazu - 1
  〜
Next
```

> このような書き方を「For〜Next文」といいます

For〜Nextまでのあいだの処理を繰り返すたびにiを1つずつ増やし，変数iが2からkazu−1になるまで実行します。

（3）「2」から自分自身−1までの数値で割り切れることがあったら，素数ではありません。

（8～10行目）

```
If kazu Mod i = 0 Then      ←kazuをiで割ったあまりは0？
  sosuu = 0
End If
```

練習問題 3-2

あなたは友だちとカフェ「ラビットハウス」に行きました。支払いをするときの1人ずつの支払金額を，Mod演算子を用いて計算する割り勘プログラムをつくってみましょう。ただし，割り切れないときは多めに支払う人がでてきますね。

例：1250円を3人で支払い

$1250 \div 3 = 416 \cdots$ あまり2

417円　417円　416円

ここでは1人あたり416円ですが，あまりが2円あるので最初の2人には1円ずつ多く支払ってもらうことにします。

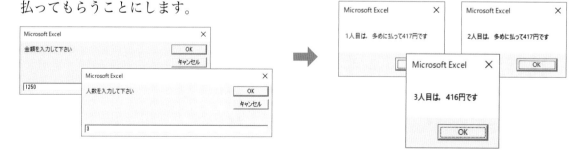

四択クイズ

◆ミッション

　ワークシートにあらかじめ入っている問題をランダムに表示させて，あなたの答えと正解を記録していきます。

　結構本格的で，テストやお勉強用にも使えて実用的です。

<シート1>

Microsoft Excel

解答を1から4の数値で入力してください。　[OK] [キャンセル]

```
1
```

（10問終了後）

<シート2>

	A	B	C	D	E	F
1	山といえば	磐梯山	岩木山	鳥海山	富士山	1
2	東京といえば	東京タワー	スカイツリー	喰種	ドーム	3
3	文豪といえば	太宰治	森鴎外	ドストエフスキ・	泉鏡花	4
4	かぐやといえば	姫	告らせたい	竹取物語	高畑	2
5	ハンガーが無い県	福島県	埼玉県	鳥取県	福岡県	4
6	12時に鳴く鳥	カラス	カッコー	アヒル	フクロウ	3
7	飲むと怒られる	お酒	コーヒー	コーラ	お醤油	3
8	臭い野菜は	白菜	キャベツ	ほうれん草	玉ねぎ	1
9	文句ばかり言う動物	牛	人間	熊	先生	1
10	世界の中心で	ねる	愛をさけぶ	たべる	生きる	2

▶考え方

(1) ランダムに問題をワークシートに表示させます（61ページ参照）。また，今回は処理の一部をワークシートにあらかじめExcelの関数を利用して入力しておき，プログラムを簡単にしてみましょう。

(2) 答えを選択しますが，まだ正解は見せません。

(3) 10問終わったら自分の答えと正解を表示させましょう。

プラスα

INDEX 関数はテーブルまたはセル範囲にある値，あるいはその値のセル参照を返します。 書式 =INDEX（配列, 行番号, [列番号]）

下の例では，シート1のセルA10が「8」の場合，配列はA1:F10，行番号8，列番号1で「臭い野菜は」が表示されます。

	A	B	C	D	E	F
1	山といえば	磐梯山	岩木山	鳥海山	富士山	1
2	東京といえば	東京タワー	スカイツリー	喰種	ドーム	3
3	文豪といえば	太宰治	森鴎外	ドストエフスキ・	泉鏡花	4
4	かぐやといえば	姫	告らせたい	竹取物語	高畑	2
5	ハンガーが無い県	福島県	埼玉県	鳥取県	福岡県	4
6	12時に鳴く鳥	カラス	カッコー	アヒル	フクロウ	3
7	飲むと怒られる	お酒	コーヒー	コーラ	お醤油	3
8	臭い野菜は	白菜	キャベツ	ほうれん草	玉ねぎ	1
9	文句ばかり言う動物	牛	人間	熊	先生	1
10	世界の中心で	ねる	愛をさけぶ	たべる	生きる	2

▶レイアウトの作成（ワークシート, コマンドボタン）

<シート1>

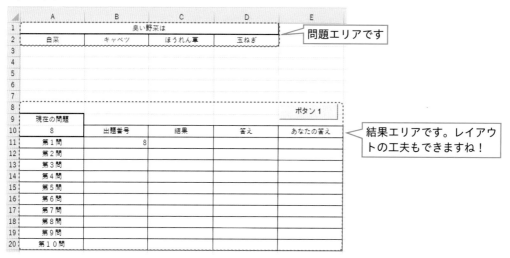

67

<**問題の準備**>

(1) あらかじめ，シート2に問題・正解を入力しておきます。

<**問題欄の準備**>

(1) シート1にExcelの関数を次のように入力します。

A1:=INDEX(Sheet2!A1:F10,A10,1)

A2: =INDEX(Sheet2!A1:F10,A10,2)　←B2〜D2は2を3,4..と変更する。

D11: =INDEX(Sheet2!A1:F10,B11,6) ←D12〜D20はB11をB12,B13..と変更する。

プログラム3-3-1

```
1   Sub ボタン1_Click()
2    Dim ans As Long
3    Dim i As Long
4    Dim toi As Long
5    Range("B11:C20").Value = ""
6    Range("D11:E20").Font.ColorIndex = 2
7    For i = 1 To 10
8      ans = 0
9      toi = Int(Rnd() * 10) + 1
10     Cells(10, 1).Value = toi
11     Cells(10 + i, 2).Value = toi
12     ans = InputBox("解答を１から４の数値で入力してください。")
13     Cells(10 + i, 5).Value = ans
14     If ans = Cells(10 + i, 4).Value Then
15       Cells(10 + i, 3).Value = "○"
16     End If
17    Next
18    Range("D11:E20").Font.ColorIndex = 3
19   End Sub
```

<**解答欄の処理**>

(1) フォントの色を白にして，自分の答えと正解は終わるまで見せません。 (6行目)

Range("D11:E20").Font.ColorIndex = 2

(2) 終了後に自分の答えと正解を赤で表示します。 (18行目)

Range("D11:E20").Font.ColorIndex = 3

＜問題の選択＞

（1）乱数で1から10の数値を発生させ，問題番号を代入します。 (9, 10行目)

```
toi = Int(Rnd() * 10) + 1
Cells(10, 1).Value = toi
```

（2）問題番号をもとに,問題エリアに表示します。先ほどのExcel関数が役に立ちます。

＜解答と判断＞

自分の解答を1から4までの数値で入力し，正解なら"○"をセルに代入します。

（12～16行目）

```
ans = InputBox("解答を1から4の数値で入力してください。")
Cells(10 + i, 5).Value = ans
If ans = Cells(10 + i, 4).Value Then
  Cells(10 + i, 3).Value = "○"
End If
```

プラスα

> Excelの関数にできることはExcelに任せて，簡単にできる部分は簡単にしましょう。

練習問題 3-3

さらに，これだけではもの足りないので，正答数と誤答数の欄をつくって円グラフまで表示してみましょう。

Excelの関数は次のように入力します。

```
C8  →  =COUNTA (C11：C20)
D8  →  =10-C8
```

＜グラフの作成例＞

```
Dim sht1 As Worksheet
Set sht1 = Sheets(1)
Dim Area As Range
Set Area = sht1.Range("C7:D8")
With sht1.Shapes.AddChart.Chart
    .ChartType = xlPie
    .SetSourceData Area
    .HasTitle = True
    .ChartTitle.Text = "四択クイズ正答率"
End With
```

4 名前シール作成システム

◆ミッション

部活動などで，たとえば吹奏楽部の定期演奏会にお越しいただいた会社にお礼状を出しますよね。本当は手書きがマナーですが，忙しいときはそうもいきません。ちょっとズルして宛名の名前シールを作成して印刷してみましょう。

<シート1>

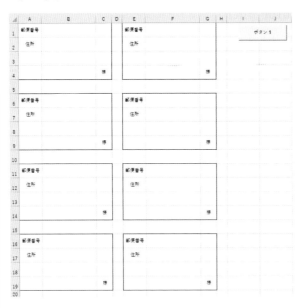

<シート2>

	A	B	C	D	E	F
1	1	448-0844	愛知県刈谷市広小路	江崎株式会社	江崎理緒	会社
2	2	682-0641	鳥取県倉吉市今在家	江原共同施設	江原悠菜	施設
3	3	380-0947	長野県長野市平柴	長沢株式会社	長沢凪紗	会社
4	4	328-0016	栃木県栃木市入舟町	松川株式会社	松川尚生	会社
5	5	406-0022	山梨県笛吹市石和町山崎	山岸学園中学校	山岸龍宏	学校
6	6	286-0816	千葉県成田市成毛	川辺株式学校	川辺香菜	学校
7	7	939-0127	富山県高岡市福岡町上轟	宮下株式会社	宮下戸敷	会社
8	8	028-8351	岩手県下閉伊郡普代村下村	大庭株式学校	大庭勝治	学校
9	9	882-0087	宮崎県延岡市妙町	川村株式会社	川村友美	会社
10	10	509-5114	岐阜県土岐市肥田町浅野	松尾専門学校	松尾昌也	学校
11	11	790-0966	愛媛県松山市立花	田上聖学校	田上杏実	学校
12	12	503-0817	岐阜県大垣市上面	星野株式会社	星野雅之丞	会社
13	13	503-0974	岐阜県大垣市久瀬川町	八木施設	八木小羽奈	施設
14	14	961-0864	福島県白河市風神山東	島紗株式会社	島紗希	会社
15	15	656-1337	兵庫県洲本市五色町下堺	棚橋福祉施設	棚橋晃年	施設
16	16	731-5142	広島県広島市佐伯区坪井町	島初株式会社	島初音	会社
17	17	779-3501	徳島県吉野川市美郷宮倉	岡山株式会社	岡山静	会社
18	18	620-0323	京都府福知山市大江町内宮	西山山岳施設	西山五月	施設
19	19	912-0207	福井県大野市下山	沢田株式会社	沢田夏菜	会社
20	20	220-0002	神奈川県横浜市西区南軽井沢	董田株式会社	董田友菜	会社

<実行結果>

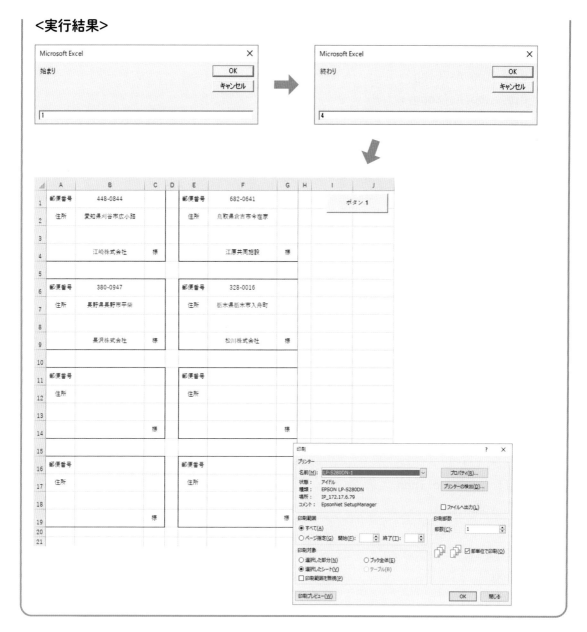

▶考え方

(1) シート1に郵便番号，住所，敬称（ここでは「様」）などを入力しておきます。

(2) 名前シールになる部分をワークシートにレイアウトします（最大8枚分にしました）。

(3) 印刷したい番号を入力し，宛名を名前シールに代入します。

<宛名の準備>

あらかじめ，シート2に宛名などを入力しておきます。

```
1   Sub ボタン1_Click()
2    Dim s_no As Long
3    Dim e_no As Long
4    Dim i As Long
5    Dim tate As Long
6    Dim yoko As Long
7    Dim sht2 As Worksheet
8    Range("B1:B19").Value = ""
9    Range("F1:F19").Value = ""
10   s_no = InputBox("始まり")
11   e_no = InputBox("終わり")
12   Set sht2 = Sheets(2)
13   i = s_no
14   For tate = 1 To 16 Step 5      ←tateは5ずつ増加
15    For yoko = 2 To 6 Step 4      ←yokoは4ずつ増加
16     Cells(tate, yoko).Value = sht2.Cells(i, 2).Value
17     Cells(tate + 1, yoko).Value = sht2.Cells(i, 3).Value
18     Cells(tate + 3, yoko).Value = sht2.Cells(i, 4).Value
19     i = i + 1
20     If i > e_no Then
21       yoko = 6
22       tate = 16
23     End If
24    Next
25   Next
26   ActiveSheet.PageSetup.PrintArea = "A1:G21"
27   If Application.Dialogs(xlDialogPrint).Show = False Then
28    Exit Sub
29   End If
30   End Sub
```

<宛名の代入>

(1) シート1でシート2を利用できるようにします。 (7, 12行目)

```
Dim sht2 As Worksheet
    〜
Set sht2 = Sheets(2)
```

(2) 名前シールのセルに合うように動きをつくります。 （13〜25行目）

```
    i = s_no
    For tate = 1 To 16 Step 5      ←たての動き
      For yoko = 2 To 6 Step 4     ←よこの動き
        Cells(tate, yoko).Value = sht2.Cells(i, 2).Value      ←郵便番号
        Cells(tate + 1, yoko).Value = sht2.Cells(i, 3).Value  ←住所
        Cells(tate + 3, yoko).Value = sht2.Cells(i, 4).Value  ←宛名
        i = i + 1                                  ←次のデータに移る
```

シート2の
Cells(i,2).Valueの意味

ループから抜ける処理

```
    Next
    Next
```

(3) 8枚未満ならループから抜ける処理で終了させます。 （20〜23行目）

```
    If i > e_no Then
      yoko = 6
      tate = 16
    End If
```

ループを抜けるためのテクニック！

(4) 印刷範囲を設定し，印刷のダイアログボックスを表示します。 （26〜29行目）

```
    ActiveSheet.PageSetup.PrintArea = "A1:G21"
    If Application.Dialogs(xlDialogPrint).Show = False Then
      Exit Sub
    End If
```

ダイアログボックスを開き，「閉じる」
を選択したら処理を終了します

練習問題 3-4

　レイアウト中のタイトルや，表示するデータ列を指定できるように，設定ボタン（ボタン2）を作成してみましょう。

Excelの関数は次のように入力します。
```
  A6  →  =A1
  A7  →  =A2 （ほかのセルも同様に入力）
```

※実行するさいは，ボタン2で設定してから
　ボタン1で印刷します。

データの抽出システム

◆ミッション

　大量のデータがある場合，必要なデータだけを抽出できたら便利ですよね。今回は「キーワード」を入力して当てはまるデータのみを抽出するシステムをつくってみましょう。データは『4　名前シール作成システム』のデータを使い，F列をキーワードとして使います。

【シート1】

	A	B	C	D	E	F
1	ボタン1					
2						
3						
4						
5						
6						
7						
8						
9	No	郵便番号	住所	会社名	担当者	キー
10						
11						
12						
13						
14						
15						
16						
17						
18						
19						
20						

【シート2】

	A	B	C	D	E	F
1	1	448-0844	愛知県刈谷市広小路	江崎株式会社	江崎理緒	会社
2	2	682-0641	鳥取県倉吉市今在家	江原共同施設	江原悠菜	施設
3	3	380-0947	長野県長野市平柴	長沢株式会社	長沢凪紗	会社
4	4	328-0016	栃木県栃木市入舟町	松川株式会社	松川尚生	会社
5	5	406-0022	山梨県笛吹市石和町山崎	山岸学園中学校	山岸龍宏	学校
6	6	286-0816	千葉県成田市成毛	川辺株式学校	川辺香菜	学校
7	7	939-0127	富山県高岡市福岡町上蓑	宮下株式会社	宮下千敬	会社
8	8	028-8351	岩手県下閉伊郡普代村下村	大庭株式学校	大庭騰治	学校
9	9	882-0087	宮崎県延岡市妙町	川村株式会社	川村友美	会社
10	10	509-5114	岐阜県土岐市肥田町浅野	松尾専門学校	松尾昌也	学校
11	11	790-0966	愛媛県松山市立花	田上聖学校	田上吉実	学校
12	12	503-0817	岐阜県大垣市上面	星野株式会社	星野雅之丞	会社
13	13	503-0974	岐阜県大垣市久瀬川町	八木施設	八木小羽奈	施設
14	14	961-0864	福島県白河市風神山東	島紗株式会社	島紗希	会社
15	15	656-1337	兵庫県洲本市五色町下堺	棚橋福祉施設	棚橋晃年	施設
16	16	731-5142	広島県広島市佐伯区坪井町	島初株式会社	島初音	会社
17	17	779-3501	徳島県吉野川市美郷宮倉	岡山株式会社	岡山静	会社
18	18	620-0323	京都府福知山市大江町内宮	西山山岳施設	西山五月	施設
19	19	912-0207	福井県大野市下山	沢田株式会社	沢田夏実	会社
20	20	220-0002	神奈川県横浜市西区南軽井沢	重田株式会社	重田友菜	会社

【実行結果】

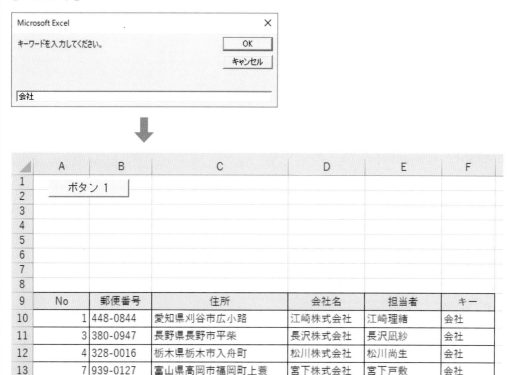

	A	B	C	D	E	F
9	No	郵便番号	住所	会社名	担当者	キー
10	1	448-0844	愛知県刈谷市広小路	江崎株式会社	江崎理緒	会社
11	3	380-0947	長野県長野市平柴	長沢株式会社	長沢凪紗	会社
12	4	328-0016	栃木県栃木市入舟町	松川株式会社	松川尚生	会社
13	7	939-0127	富山県高岡市福岡町上蓑	宮下株式会社	宮下戸敷	会社
14	9	882-0087	宮崎県延岡市妙町	川村株式会社	川村友美	会社
15	12	503-0817	岐阜県大垣市上面	星野株式会社	星野雅之丞	会社
16	14	961-0864	福島県白河市風神山東	島紗株式会社	島紗希	会社
17	16	731-5142	広島県広島市佐伯区坪井町	島初株式会社	島初音	会社
18	17	779-3501	徳島県吉野川市美郷宮倉	岡山株式会社	岡山静	会社
19	19	912-0207	福井県大野市下山	沢田株式会社	沢田夏実	会社
20	20	220-0002	神奈川県横浜市西区南軽井沢	重田株式会社	重田友菜	会社
21						

▶ 考え方

(1) あらかじめワークシートにNo，郵便番号，住所，宛名，担当者，キーを入力して
おきます。

(2) この例題では，抽出結果を代入する部分を最大11人分にします。

(3) キーワードを入力し，シート2より探索して一致したデータをシート1に代入します。

<宛名の準備>

あらかじめ，シート2に宛名などを入力しておきます。

```
1   Sub ボタン1_Click()
2    Dim i As Long
3    Dim j As Long
4    Dim k As Long
5    Dim key As String
6    Dim sht2 As Worksheet
7    Set sht2 = Sheets(2)
8    Range("A10:F20").Value = ""
9    key = InputBox("キーワードを入力してください。")
10   i = 10
11   For j = 1 To 20
12    If sht2.Cells(j, 6).Value = key Then
13     For k = 1 To 6
14      Cells(i, k).Value = sht2.Cells(j, k).Value
15     Next
16     i = i + 1
17    End If
18   Next
19  End Sub
```

＜データの抽出＞

(1) シート1からシート2を利用できるようにします。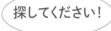 (6, 7行目)

```
Dim sht2 As Worksheet
Set sht2 = Sheets(2)
```

(2) キーワードを入力し，探索します。 (9〜18行目)

```
key = InputBox ("キーワードを入力してください。")
```

│シート1への代入処理1│

```
For j = 1 To 20
  If sht2.Cells (j, 6) .Value = key Then
```

│シート1への代入処理2│ ↑シート2の「キー」とキーワードが一致したら

```
  End If
Next
```

探してください！

(3) キーワードと一致したらシート1へ代入します。　**（10〜16行目）**

```
i = 10                 ← シート1の10行目から代入するためi=10（代入処理1）
    ⟩
For k = 1 To 6         ←「No」から「キー」までの6項目
   Cells (i, k) .Value = sht2.Cells (j, k) .Value              （代入処理2）
Next
i = i + 1              ← シート1を次の行へ移動させる
```

今回はデータの先頭から一つ一つ探索するので，このような手法を**線形探索**といいます。

▲	A	B	C	D	E	F	
1		1	448-0844	愛知県刈谷市広	江崎株式会社	江崎理緒	会社	⇐
2		2	682-0641	鳥取県倉吉市今	江原共同施設	江原悠菜	施設	
3		3	380-0947	長野県長野市平	長沢株式会社	長沢凪紗	会社	⇐
4		4	328-0016	栃木県栃木市入	松川株式会社	松川尚生	会社	⇐
5		5	406-0022	山梨県笛吹市石	山岸学園中学校	山岸龍宏	学校	
6		6	286-0816	千葉県成田市成	川辺株式学校	川辺香菜	学校	
7		7	939-0127	富山県高岡市福	宮下株式会社	宮下戸敷	会社	⇐
8		8	028-8351	岩手県下閉伊郡	大庭株式学校	大庭勝治	学校	

練習問題 3-5

次に，例題の「ミッション」とは違うもう一つの方法で，Noをもとに宛名を抽出してみましょう。

例1：1番から20番まである。15番を抽出したい。

下限　上限　　中央値

（ 1 + 20 ）÷2= 10（切り捨て）不一致

　　+1

（ 11 + 20 ）÷2= 15（切り捨て）一致！

この手法を二分探索といいます

例2：1番から20番まである。5番を抽出したい。

下限　上限　　中央値

（ 1 + 20 ）÷2= 10（切り捨て）不一致

　　−1

（ 1 + 9 ）÷2= 5（切り捨て）一致！

※ただし，二分探索では，あらかじめNoが昇順に並んでいる必要があります。

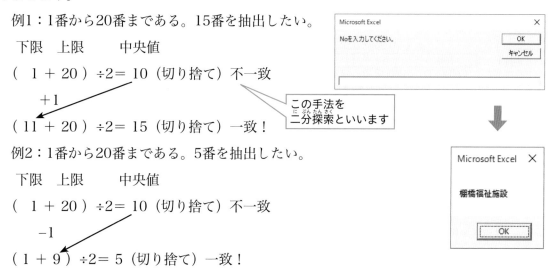

 データの
並べ替えシステム

◆ミッション

　今回は並べ替えです。いくつかの値を小さい順に並べ替えることを「昇順」，大きい順に並べ替えることを「降順」といいます。

　ワークシートに10個の数値が入っています。これを昇順に並べ替えてみましょう。

	A	B	C	D	E	F	G	H	I	J
1										
2	71	54	58	29	31	78	2	77	82	71
3										
4			数字の表示		並べ替え					
5										

	A	B	C	D	E	F	G	H	I	J
1										
2	2	29	31	54	58	71	71	77	78	82
3										
4			数字の表示		並べ替え					
5										

▶ 考え方

(1)　準備として1から100までの10個の数値を乱数で発生させます。

(2)　10個の数値を1つ1つ，隣どうしで比較して昇順に交換します。

　　以下は，5つの数値の場合の例です。

1回目

①交換

100	70	60	80	90
Cells(2,1)	Cells(2,2)	Cells(2,3)	Cells(2,4)	Cells(2,5)

②交換

70	100	60	80	90

③交換

70	60	100	80	90

④交換

70	60	80	100	90

70	60	80	90	100
				(決定)

　①でCell(2,1)と「隣の」Cells(2,2)を比較して交換します。

　同様に②から④まで比較・交換することで一番後ろのCells(2,5)が決定します。

2回目

①交換				
70	60	80	90	100

②

60	70	80	90	100

③

60	70	80	90	100

60	70	80	90	100

(決定)

①でCell(2,1)と「隣の」Cells(2,2)を比較して交換します。

同様に②から③まで比較・交換することで一番後ろのCells(2,4)が決定します。

Cells(2,4)とCells(2,5)は1回目でCells(2,5)が決定したので，比較しません。

(3) このまま，3回目・4回目と繰り返し，終了します。

終了後

60	70	80	90	100

プログラム3-6-1

```
1   Sub ボタン1_Click()
2     Dim i As Long
3     For i = 1 To 10
4       Cells(2, i).Value = Int(Rnd() * 100) + 1
5     Next
6   End Sub
7   Sub ボタン2_Click()
8     Dim i As Long, j As Long
9     Dim tmp As Long
10    For i = 9 To 1 Step -1     ←iは−1ずつ増加（1ずつ減少）
11      For j = 1 To i
12        If Cells(2, j).Value > Cells(2, j + 1).Value Then
13          tmp = Cells(2, j).Value
14          Cells(2, j).Value = Cells(2, j + 1).Value
15          Cells(2, j + 1).Value = tmp
16        End If
17      Next
18    Next
19  End Sub
```

＜比較と交換の方法＞

(1) 10個の数値を隣どうしで比較します。　（10〜18行目）

```
For i = 9 To 1 Step -1  ←比較の範囲は1回目終了ごとに後ろを1個ずつ減らす。
  For j = 1 To i        ←1番目の数値から比較を始める。
    If Cells(2, j).Value > Cells(2, j + 1).Value Then  ←比較
      交換処理          バブルソートといいます！
    End If
  Next
Next
```

(2) 交換処理 では，退避場所である「tmp」を用意し，交換します。　（13〜15行目）

```
tmp = Cells(2, j).Value
Cells(2, j).Value = Cells(2, j + 1).Value       3つの変数でまわすのが
Cells(2, j + 1).Value = tmp                     ポイント！
```

※交換のイメージ

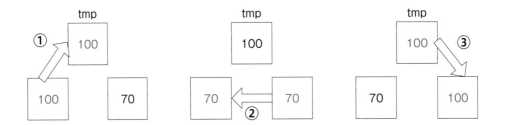

いろいろな「並べ替え」　COLUMN

　並べ替えにはいくつかの手法があります。今回紹介したのは「バブルソート」という手法で，隣接（りんせつ）する隣どうしの値を比較します。比較する動きがまるで泡（あわ）（バブル）のようなので「バブルソート」といいます。

　そのほかには，1番目の値を仮の最大値（もしくは最小値）として決め，それ以降の後ろにある値を最後まで調べ，それより大きい値があれば1番目の値と交換する「セレクションソート」や，2番目の値から順々に前の値を比較して適切な場所に入り込む（挿入する）「インサーションソート」があります。このほかにも「マージソート」や「クイックソート」などがありますので，ぜひ調べてみましょう！

次のような成績一覧を「点数順」や「出席番号順」に並べ替えるプログラムを作成してみましょう。

<成績一覧>

	A	B	C	D	E	F	G
1	出席番号	氏名	点数				
2	1	相田正樹	87				
3	2	川岸龍宏	136				
4	3	宮下尚生	158				
5	4	江原真	145				
6	5	江崎音菜	147		出席番号順		
7	6	松山伴内	118				
8	7	松川隆一	119		点数順		
9	8	川村恵	178				
10	9	川辺理緒	158				
11	10	長沢凪紗	158				

「点数順」をクリックすると・・

	A	B	C	D	E	F	G
1	出席番号	氏名	点数				
2	8	川村恵	178				
3	3	宮下尚生	158				
4	9	川辺理緒	158				
5	10	長沢凪紗	158				
6	5	江崎音菜	147		出席番号順		
7	4	江原真	145				
8	2	川岸龍宏	136		点数順		
9	7	松川隆一	119				
10	6	松山伴内	118				
11	1	相田正樹	87				

「出席番号順」をクリックすると・・

	A	B	C	D	E	F	G
1	出席番号	氏名	点数				
2	1	相田正樹	87				
3	2	川岸龍宏	136				
4	3	宮下尚生	158				
5	4	江原真	145				
6	5	江崎音菜	147		出席番号順		
7	6	松山伴内	118				
8	7	松川隆一	119		点数順		
9	8	川村恵	178				
10	9	川辺理緒	158				
11	10	長沢凪紗	158				

◆最終ミッション（百人一首タイピングソフト）

百人一首ゲームを作成してみましょう。

（1）あらかじめ「上の句」・「下の句」をシート2に入力します。
　　　※「上の句」と「下の句」を入力したデータは，ダウンロードもできます。

（2）はじめに自分の設定時間を秒単位で入力します。

（3）ランダムに選ばれた「上の句」を表示させ，シート1に表示された「下の句」から正解を設定時間内に入力します。

（4）10回繰り返し，設定時間内にすべて当たったら設定時間に応じたランキングを表示します。これまでの最短クリアなら，設定時間と名前をセルに残しましょう。

（5）設定時間を超えたら「とった！」や「おてつき!!」と表示せず次へ，1回でも設定時間超えやおてつきをしたら，最後に「かるた会に入りましょう」と表示します。

【シート1（実行後）】

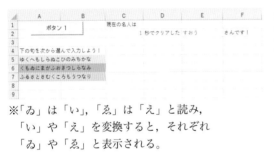

※「ゐ」は「い」，「ゑ」は「え」と読み，
　「い」や「え」を変換すると，それぞれ
　「ゐ」や「ゑ」と表示される。

【シート2の一部】

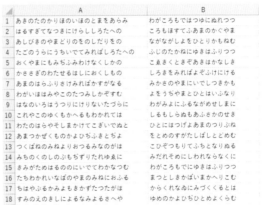

<設定>

秒数を入力します。

<入力画面>

上の句を表示します。

下の句を入力します。

シート1に表示された下の句から当てはまるものを選んで入力します。

制限時間内で
正しくタイピングしよう！

Microsoft Excel ×
ちはやぶるかみよもきかずたつたがは   OK
キャンセル
からくれなゐにみづくくるとは

<1回ごとの入力後>

正解すれば！   間違えば・・

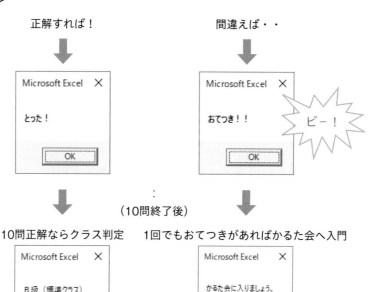

ビー！

<最終判定>

：
（10問終了後）

10問正解ならクラス判定   1回でもおてつきがあればかるた会へ入門

Microsoft Excel ×

Ｂ級（標準クラス）

OK

Microsoft Excel ×

かるた会に入りましょう。

OK

設定時間（秒）	ランキング（クラス）
1〜3	A級（名人クラス）
4〜6	B級（標準クラス）
7〜	C級（初心者クラス）

百人一首ムズイ…

A級（名人クラス）で，設定時間もこれまでより短ければ，セルC2
に設定時間，E2に名前を残そう！

Microsoft Excel   ×
おめでとう！お名前をどうぞ！   OK
キャンセル

すおう

＜ワークシートの設定＞

【シート1】

　ボタンの設定と選択する下の句の表示箇所3か所をわかりやすくします（この問題では最大で3つ表示します）。

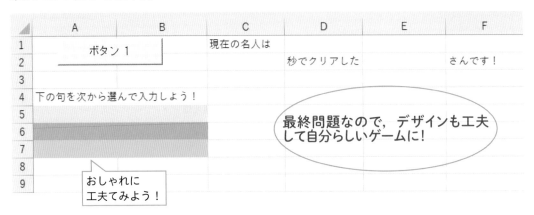

【シート2】

　⊕をクリックし「新しいシート」を追加し，シート2へ入力します。

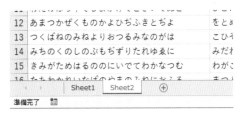

　プログラムでは，次のように記述します。

```
Dim sht2 As Worksheet    'Worksheetオブジェクトでsht2を宣言します
Set sht2 = Sheets(2)     'シート2をsht2と定義します
```

　Sheets(2)の(2)はインデックス番号で，上の例ではSheet1がインデックス1，Sheet2がインデックス2となり，このときsht2.Cells(1,1).Valueは「あきの・・」になります。

＜プログラムの考え方＞

○ボタン1をクリックしたら

　・変数の宣言をする。

　・シート2の定義をする。

　・設定時間の入力と判定（正解した回数）の初期化をする。

- 10回繰り返す処理に入る。（ゲームスタートです。）

  ・Rnd()を用いて表示する問題を決め，上の句・下の句を記憶する。

  ・「ランダムな下の句」と「正解の下の句」をシート1のセルA5～A7にランダムに表示する。

    （なお，Rnd()を用いて代入するため，同じ下の句が選ばれることや，同じセルに上書きされることもありますが，「正解の下の句」は表示できるようにしましょう。）

  ・InputBoxで上の句を表示し，下の句を入力する。

  ・DoWhile文でタイマーをつくり，設定時間のあいだ繰り返す処理に入る。(ヒント→P48)

    ・正解なら「とった！」と表示し，判定に＋1してDoWhile文から抜ける。

     間違いなら「おてつき!!」と表示し，ブザーを鳴らしてDoWhile文から抜ける。

     (If文の中でExit Doを入れるとDoWhile文から抜けられます。ヒント→P28)

    ここまでのあいだ（設定時間）繰り返す。

  ・もし，設定時間を超えていれば，

    判定は0とする。

  ここまでのあいだ（10回）繰り返す。

- 判定が10（全問正解）なら　（ゲーム終了後の判定処理です。）

  ・設定時間1～3で　（ヒント→P31）

   「A級（名人クラス）」と表示するとともに，InputBoxを用いて

   シート1に設定時間と名前を残しましょう。

  ・設定時間4～6で

   「B級（標準クラス）」と表示する。

  ・設定時間それ以外で

   「C級（初心者クラス）」と表示する。

  判定が10でなければ「かるた会に入りましょう。」と表示する。

- セルA5～A7の初期化する（次のゲームのために下の句を消します）。

※補足

　：赤い線の部分は繰り返しの部分

　：青い線の部分は条件分岐の部分

これでお勉強は終了！
おめでとう！

練習問題・章末問題解答例

※練習問題・章末問題の解答例の補足については，弊社Webサイトからダウンロードできます（「Excelでまなぶ」で検索してください）。
https://www.jikkyo.co.jp/download/

P16　練習問題1-1······················
◆STEP1◆
```
Sub ボタン1_Click()
 Range("A1:D5").Value = ""
 Range("A2").Value = "やっほー！"
 Range("A3").Value = "Excelで"
 Range("B4").Value = "プログラミングを"
 Range("D5").Value = "楽しく学ぼう！"
End Sub
```
◆STEP2◆
```
Sub ボタン1_Click()
 Range("A1:A10").Value = ""
 Range("A1:A10").Value = "ひまわり"
End Sub
```
◆STEP3◆
```
Sub ボタン1_Click()
 Range("B1:E2").Interior.ColorIndex = 1
 Range("B3:E4").Interior.ColorIndex = 3
 Range("B5:E6").Interior.ColorIndex = 6
End Sub
```
◆STEP4◆
```
Sub ボタン1_Click()
 Range("A1:L16").Interior.ColorIndex = 1
 Range("A5,B2,C7,D3,E5,E10,F1,G7,H4,I7,J3,J10,K7,L1").Value = "★"
 Range("A5,B2,C7,D3,E5,E10,F1,G7,H4,I7,J3,J10,K7,L1").Font.ColorIndex = 6
End Sub
```

P23　練習問題1-2······················
◆STEP1◆
```
Sub ボタン1_Click()
 Dim namae As String
 Dim nen As Long
 namae = InputBox("名前を入れてください")
 nen = InputBox("年齢を入れてください")
 Range("B1").Value = namae
 Range("B2").Value = nen
End Sub
```
◆STEP2◆
```
Sub ボタン1_Click()
 Dim namae As String
 Dim kyouka As String
 Dim nen As Long
 namae = InputBox("名前を教えてください")
 MsgBox "こんにちは！" & namae & "さん"
 nen = InputBox("年齢を教えてください")
 MsgBox nen & "歳なんですね！"
 kyouka = InputBox(namae & "さんの得意な教科は何ですか？")
 MsgBox "なるほど！" & kyouka & "が得意なんですね！"
 kyouka = InputBox("では、苦手な教科は？")
 MsgBox "へぇ〜！" & kyouka & "が苦手なんですか"
 MsgBox "教えてくれてありがとうございました！"
End Sub
```
◆STEP3◆
```
Sub ボタン1_Click()
 Dim namae As String
 Dim kyouka As String
 Dim nen As Long
 Dim handan As Long
 handan = InputBox("コンピュータと会話しますか？ 1：はい　　2：いいえ")
 If handan = 1 Then
  namae = InputBox("名前を教えてください")
  MsgBox "こんにちは！" & namae & "さん"
  nen = InputBox("年齢を教えてください")
  MsgBox nen & "歳なんですね！"
  kyouka = InputBox(namae & "さんの得意な教科は何ですか？")
  MsgBox "なるほど！" & kyouka & "が得意なんですね！"
  kyouka = InputBox("では、苦手な教科は？")
  MsgBox "へぇ〜！" & kyouka & "が苦手なんですか"
  MsgBox "教えてくれてありがとうございました！"
 Else
  MsgBox "またね！"
 End If
End Sub
```
◆STEP4◆
```
Sub ボタン1_Click()
 Dim ten As Long
 ten = InputBox("今回のテストの点数を入力してください")
 If ten >= 70 Then
  MsgBox ten & "点！　よく頑張りました！"
 Else
  MsgBox ten & "点！　次はもっと高得点を目指そう！"
 End If
End Sub
```
◆STEP5◆
```
Sub ボタン1_Click()
 Dim ten As Long
 ten = InputBox("今回のテストの点数を入力してください")
 If ten >= 80 Then
  MsgBox ten & "点！　素晴らしい！"
 Else
  If ten >= 60 Then
   MsgBox ten & "点！　なかなかやるねぇ！"
  Else
```

```
     MsgBox ten & "点!　次は頑張ろう！"
   End If
  End If
End Sub
```

P32　練習問題1-3··

◆STEP1◆
```
Sub ボタン1_Click()
 MsgBox "じゃんけん・・・"
 Dim jibun As Long, aite As Long
 jibun = InputBox("1：グー　2：チョキ　3：パ
ー")
 aite = Int(Rnd() * 3) + 1
 Dim kekka As String
 If jibun = aite Then
   kekka = "あいこ"
  ElseIf jibun = 1 Then
    If aite = 2 Then
       kekka = "勝ち"
    Else
       kekka = "負け"
    End If
  ElseIf jibun = 2 Then
    If aite = 3 Then
       kekka = "勝ち"
    Else
       kekka = "負け"
    End If
  Else
    If aite = 1 Then
       kekka = "勝ち"
    Else
       kekka = "負け"
    End If
  End If
 MsgBox kekka
End Sub
```

◆STEP2◆
```
Sub ボタン1_Click()
 MsgBox "じゃんけん・・・"
 Dim jibun As Long, aite As Long
 jibun = InputBox("1：グー　2：チョキ　3：パ
ー")
 aite = Int(Rnd() * 3) + 1
 Dim kekka As String
 If jibun = aite Then
  kekka = "あいこ"
 ElseIf jibun = 1 Then
  Select Case aite
   Case 2
    kekka = "勝ち"
   Case 3
    kekka = "負け"
  End Select
 ElseIf jibun = 2 Then
  Select Case aite
```

```
   Case 1
    kekka = "負け"
   Case 3
    kekka = "勝ち"
  End Select
 Else
  Select Case aite
   Case 1
    kekka = "勝ち"
   Case 2
    kekka = "負け"
  End Select
 End If
 MsgBox kekka
End Sub
```

◆STEP3◆
```
Sub ボタン1_Click()
 MsgBox "じゃんけん・・・"
 Dim jibun As Long, aite As Long
 Dim aiteten As Long
 Dim jibunten As Long
 Dim i As Long
 i = 1
 Do While aiteten <> 3 And jibunten <> 3
  jibun = InputBox(i & "回目　1：グー　2：チョ
キ　3：パー")
  aite = Int(Rnd() * 3) + 1
  Dim kekka As String
  If jibun = aite Then
   kekka = "あいこ"
  ElseIf jibun = 1 Then
   Select Case aite
    Case 2
     kekka = "勝ち"
     jibunten = jibunten + 1
    Case 3
     kekka = "負け"
     aiteten = aiteten + 1
   End Select
  ElseIf jibun = 2 Then
   Select Case aite
    Case 1
     kekka = "負け"
     aiteten = aiteten + 1
    Case 3
     kekka = "勝ち"
     jibunten = jibunten + 1
   End Select
  Else
   Select Case aite
    Case 1
     kekka = "勝ち"
     jibunten = jibunten + 1
    Case 2
     kekka = "負け"
     aiteten = aiteten + 1
```

```
    End Select
   End If
  MsgBox i & "回目あなたの" & kekka
   i = i + 1
 Loop
 If jibunten = 3 Then
   MsgBox jibunten & "勝" & aiteten & "敗であな
たの勝ち"
 Else
   MsgBox jibunten & "勝" & aiteten & "敗であな
たの負け"
 End If
End Sub
```

P39　練習問題2-1·······················

```
Sub ボタン1_Click()
 Dim namae As String
 namae = InputBox("名前を入力して下さい")
 Dim toi1 As Long
 toi1 = InputBox("お城を出た。どちらに進む？（右：1
左：2）")
 If toi1 = 1 Then
   MsgBox "敵が現れた。"
   Dim teki1 As Long
   teki1 = InputBox("どうする？（たたかう：1　逃げる：
2　アイテム：3）")
   If teki1 = 1 Then
    MsgBox "たたかう武器を持っていない！"
    MsgBox namae & "は敵に倒された…ゲームオーバー
！"
   Else
    If teki1 = 2 Then
     MsgBox "うまく逃げることができた。"
    Else
     MsgBox "アイテムを持っていない！"
     MsgBox namae & "は敵に倒された…ゲームオーバ
ー！"
    End If
   End If
 Else
   MsgBox namae & "は武器屋にたどり着いた。"
     〜        'ここにプログラムを追加する
 End If
End Sub
```

P43　練習問題2-2·······················

```
Sub ボタン1_Click()
 Dim namae As String
 Dim nen As Long
 Dim tuki As Long
 Dim hi As Long
 Dim atai1 As Long
 Dim atai2_1 As Long
 Dim atai2_2 As Long
 Dim atai2_3 As Long
 Dim atai2_4 As Long
 Dim atai2 As Long
 Dim atai3_1 As Long
 Dim atai3_2 As Long
 Dim atai3 As Long
 Dim atai4_1 As Long
 Dim atai4_2 As Long
 Dim atai4 As Long
 namae = InputBox("名前を入力してください")
 nen = InputBox("誕生年を入力してください　2001年
→2001")
 tuki = InputBox("誕生月を入力してください　11月→
11")
 hi = InputBox("誕生日を入力してください　15日→
15")
 atai1 = nen + tuki + hi
 atai2_1 = Int(atai1 / 1000)
 atai2_2 = Int((atai1 - (atai2_1 * 1000)) /
100)
 atai2_3 = Int((atai1 - ((atai2_1 * 1000) +
(atai2_2 * 100))) / 10)
 atai2_4 = Int(atai1 - ((atai2_1 * 1000) +
(atai2_2 * 100) + (atai2_3 * 10)))
 atai2 = atai2_1 + atai2_2 + atai2_3 +
atai2_4
 atai3_1 = Int(atai2 / 10)
 atai3_2 = Int(atai2 - (atai3_1 * 10))
 atai3 = atai3_1 + atai3_2
 atai4_1 = Int(atai3 / 10)
 atai4_2 = Int(atai3 - (atai4_1 * 10))
 atai4 = atai4_1 + atai4_2
 Select Case atai4
  Case 1
   MsgBox "アイディアマン"
  Case 2
   MsgBox "平和主義"
  Case 3
   MsgBox "お祭り好き"
  Case 4
   MsgBox "保守的"
  Case 5
   MsgBox "パイオニア"
  Case 6
   MsgBox "ロマンチスト"
  Case 7
   MsgBox "インテリ"
  Case 8
   MsgBox "大物"
  Case 9
   MsgBox "エンターテイナー"
 End Select
End Sub
```

P47　練習問題2-3·······················

```
Sub ボタン1_Click()
 Dim karesi As String
 Dim kanojyo As String
```

```
 Dim karekaku As Long
 Dim kanokaku As Long
 Dim atai1 As Long
 Dim atai2 As Long
 karesi = InputBox("彼氏？の下の名前を入力してくだ
さい。")
 karekaku = InputBox("彼氏？の下の名前の画数を入力
してください。 なお、名前が一文字の場合は画数＋1の数値
です。")
 kanojyo = InputBox("彼女？の下の名前を入力してく
ださい。")
 kanokaku = InputBox("彼女？の下の名前の画数を入力
してください。なお、名前が一文字の場合は画数＋1の数値
です。 ")
 MsgBox karesi & "と" & kanojyo & "は・・"
 Select Case karekaku & "#" & kanokaku
  Case "8#13"
   MsgBox "相性第1位です。"
  Case "10#21"
   MsgBox "相性第2位です。"
  Case "13#12"
   MsgBox "相性第3位です。"
  Case Else
   MsgBox "相性は？？ですね。"
 End Select
End Sub
```

P50　練習問題2-4……………………………………

```
Declare PtrSafe Function BeepAPI Lib "kernel32.
dll" Alias "Beep" _
(ByVal dwFreq As LongPtr, ByVal dwDuration As
Long) As Long
Sub ボタン1_Click()
 Dim now_t As Double
 Dim set_t As Double
 Range("F4:G4").Interior.ColorIndex = 2
 set_t = InputBox("設定時間を秒で入力してくださ
い。")
 now_t = Timer
 Do While Timer < now_t + set_t
  DoEvents
  If (Timer + 3) > now_t + set_t Then
   Call BeepAPI(1000, 1000)
   Range("F4").Interior.ColorIndex = 6
  End If
 Range("F2").Value = Now()
 Loop
 Call BeepAPI(800, 1000)
 Range("G4").Interior.ColorIndex = 3
 MsgBox set_t & "秒経過！"
End Sub
```

P55　練習問題2-5……………………………………

```
Dim stb1 As Boolean
Dim stb2 As Boolean
Dim stb3 As Boolean
```

```
Sub ボタン1_Click()
 stb1 = True
End Sub
Sub ボタン2_Click()
 stb2 = True
End Sub
Sub ボタン3_Click()
 stb3 = True
End Sub
Sub ボタン4_Click()
 Dim StartTime As Long
 Range("A1:C1").Interior.ColorIndex = 2
 stb1 = False
 stb2 = False
 stb3 = False
 Range("A1").Value = Int(Rnd() * 10)
 Range("B1").Value = Int(Rnd() * 10)
 Range("C1").Value = Int(Rnd() * 10)
 Do
  DoEvents
  If stb1 = False Then
   Range("A1").Value = Int(Rnd() * 10)
  End If
  If stb2 = False Then
   Range("B1").Value = Int(Rnd() * 10)
  End If
  If stb3 = False Then
   Range("C1").Value = Int(Rnd() * 10)
  End If
 Loop While stb1 = False Or stb2 = False Or
stb3 = False
 If Range("A1").Value = 7 And Range("B1").
Value = 7 And Range("C1").Value = 7 Then
  Range("A1:C1").Interior.ColorIndex = 8
  MsgBox "ラッキー7"
 Else
  If Range("A1").Value = Range("B1").Value And
Range("B1").Value = Range("C1").Value Then
  MsgBox "大当たり！"
  Else
   MsgBox Range("A1").Value & Range("B1").
Value & Range("C1").Value & "残念っ!!"
  End If
 End If
End Sub
```

P59　練習問題2-6……………………………………

```
Sub ボタン1_Click()
 Range("B2:F6").Value = ""
 Dim hajime As Double
 Dim tate As Long, yoko As Long
 Dim tatex As Long, yokox As Long
 Range("I4").Value = 0
 hajime = Timer
 tate = Int(Rnd() * 5) + 2
 yoko = Int(Rnd() * 5) + 2
```

```vba
    Cells(tate, yoko).Value = "モ"
    tatex = Int(Rnd() * 5) + 2
    yokox = Int(Rnd() * 5) + 2
    Cells(tatex, yokox).Value = "ヲ"
    Do While Timer < hajime + 10
        DoEvents
        If ActiveCell.Value = "モ" Then
            Range("I4").Value = Range("I4").Value + 10
            Cells(tate, yoko).Value = ""
            tate = Int(Rnd() * 5) + 2
            yoko = Int(Rnd() * 5) + 2
            Cells(tate, yoko).Value = "モ"
        End If
        If ActiveCell.Value = "ヲ" Then
            Beep
            Range("I4").Value = Range("I4").Value - 10
            Cells(tatex, yokox).Value = ""
            tatex = Int(Rnd() * 5) + 2
            yokox = Int(Rnd() * 5) + 2
            Cells(tatex, yokox).Value = "ヲ"
        End If
    Loop
    MsgBox "ゲーム終了。得点は" & Range("I4").Value & "点です"
End Sub
```

P63　練習問題3-1

```vba
Sub ボタン1_Click()
    Range("F8").Value = ""
    Range("F2").Value = Range("D2").Value / ((Range("B2").Value / 100) ^ 2)
End Sub
Sub ボタン2_Click()
    Range("F8").Value = ""
    Range("F2").Value = 22 * ((Range("B2").Value / 100) ^ 2)
End Sub
Sub ボタン3_Click()
    Range("F8").Value = ""
    Range("F2").Value = (Range("D2").Value - 22 * ((Range("B2").Value / 100) ^ 2))
    If Range("F2").Value > 0 Then
        Range("F8").Value = "やせましょう"
    End If
End Sub
Sub ボタン4_Click()
Range("F8").Value = ""
    Select Case (Range("D2").Value / ((Range("B2").Value / 100) ^ 2))
        Case 0 To 18.4
            Range("F8").Value = "やせてます"
        Case 18.5 To 24.9
            Range("F8").Value = "標準です"
        Case 25 To 40
```

```vba
            Range("F8").Value = "肥満です"
    End Select
End Sub
```

P65　練習問題3-2

```vba
Sub ボタン1_Click()
    Dim kin As Long
    Dim nin As Long
    Dim shiharai As Long
    Dim amari As Long
    Dim i As Long
    kin = InputBox("金額を入力して下さい")
    nin = InputBox("人数を入力してください")
    shiharai = Int(kin / nin)
    amari = kin Mod nin
    For i = 1 To nin
        If amari >= i Then
            MsgBox i & "人目は，多めに払って" & shiharai + 1 & "円です"    '1円多く払ってもらう
        Else
            MsgBox i & "人目は，" & shiharai & "円です"
        End If
    Next
End Sub
```

P69　練習問題3-3

```vba
Dim ans As Long
Dim i As Long
Dim toi As Long
Sub ボタン1_Click()
    Range("B11:C20").Value = ""
    Range("C8:D8").Font.ColorIndex = 2
    Range("D11:E20").Font.ColorIndex = 2
    For i = 1 To 10
        ans = 0
        toi = Int(Rnd() * 10) + 1
        Cells(10, 1).Value = toi
        Cells(10 + i, 2).Value = toi
        ans = InputBox("解答を1から4の数値で入力してください。")
        Cells(10 + i, 5).Value = ans
        If ans = Cells(10 + i, 4).Value Then
            Cells(10 + i, 3).Value = "○"
        End If
    Next
    Range("C8:D8").Font.ColorIndex = 3
    Range("D11:E20").Font.ColorIndex = 3
    Dim sht1 As Worksheet
    Set sht1 = Sheets(1)
    Dim Area As Range
    Set Area = sht1.Range("C7:D8")
    With sht1.Shapes.AddChart.Chart
        .ChartType = xlPie
        .SetSourceData Area
        .HasTitle = True
```

```
        .ChartTitle.Text = "四択クイズ正答率"
    End With
  End Sub


P73  練習問題3-4·····························
Dim B1retu As Long
Dim B2retu As Long
Dim B4retu As Long
Sub ボタン1_Click()
 Dim s_no As Long
 Dim e_no As Long
 Dim i As Long
 Dim tate As Long
 Dim yoko As Long
 Dim sht2 As Worksheet
 Range("B1:B19").Value = ""
 Range("F1:F19").Value = ""
 s_no = InputBox("始まり")
 e_no = InputBox("終わり")
 Set sht2 = Sheets(2)
 i = s_no
 For tate = 1 To 16 Step 5
  For yoko = 2 To 6 Step 4
   Cells(tate, yoko).Value = sht2.Cells(i,
B1retu).Value
   Cells(tate + 1, yoko).Value = sht2.
Cells(i, B2retu).Value
   Cells(tate + 3, yoko).Value = sht2.
Cells(i, B4retu).Value
   i = i + 1
   If i > e_no Then
    yoko = 6
    tate = 16
   End If
  Next
 Next
 ActiveSheet.PageSetup.PrintArea = "A1:G21"
 If Application.Dialogs(xlDialogPrint).Show =
False Then
  Exit Sub
 End If
End Sub

Sub ボタン2_Click()
 Range("A1").Value = InputBox("A1の表示は？")
 B1retu = InputBox("B1のデータは何列目のデータ？")
 Range("A2").Value = InputBox("A2の表示は？")
 B2retu = InputBox("B2のデータは何列目のデータ？")
 Range("C4").Value = InputBox("C4の表示は？")
 B4retu = InputBox("B4のデータは何列目のデータ？")
End Sub


P77  練習問題3-5·····························
Sub ボタン1_Click()
 Dim key As Long
 Dim sht As Worksheet
```

```
 Dim ue As Long
 Dim sita As Long
 Dim naka As Long
 Dim sw As Long
 Set sht2 = Sheets(2)
 key = InputBox("Noを入力してください。")
 sw = 0
 sita = 1
 ue = 20
 Do While sita <= ue And sw <> 1
  naka = Int((ue + sita) / 2)
  If key = sht2.Cells(naka, 1).Value Then
   MsgBox sht2.Cells(naka, 4).Value
   sw = 1
  Else
   If key > sht2.Cells(naka, 1).Value Then
    sita = naka + 1
   Else
    ue = naka - 1
   End If
  End If
 Loop
End Sub


P81  練習問題3-6·····························
Sub ボタン1_Click()
 Dim i As Long, j As Long
 Dim tmp1 As Long
 Dim tmp2 As String
 Dim tmp3 As Long
 For i = 10 To 2 Step -1
  For j = 2 To i
   If Cells(j, 1).Value > Cells(j + 1, 1).
Value Then
    tmp1 = Cells(j, 1).Value
    tmp2 = Cells(j, 2).Value
    tmp3 = Cells(j, 3).Value
    Cells(j, 1).Value = Cells(j + 1, 1).Value
    Cells(j, 2).Value = Cells(j + 1, 2).Value
    Cells(j, 3).Value = Cells(j + 1, 3).Value
    Cells(j + 1, 1).Value = tmp1
    Cells(j + 1, 2).Value = tmp2
    Cells(j + 1, 3).Value = tmp3
   End If
  Next
 Next
End Sub
Sub ボタン2_Click()
 Dim i As Long, j As Long
 Dim tmp1 As Long
 Dim tmp2 As String
 Dim tmp3 As Long
 For i = 10 To 2 Step -1
  For j = 2 To i
   If Cells(j, 3).Value < Cells(j + 1, 3).
Value Then
```

```
      tmp1 = Cells(j, 1).Value
      tmp2 = Cells(j, 2).Value
      tmp3 = Cells(j, 3).Value
     Cells(j, 1).Value = Cells(j + 1, 1).Value
     Cells(j, 2).Value = Cells(j + 1, 2).Value
     Cells(j, 3).Value = Cells(j + 1, 3).Value
     Cells(j + 1, 1).Value = tmp1
     Cells(j + 1, 2).Value = tmp2
     Cells(j + 1, 3).Value = tmp3
    End If
  Next
 Next
End Sub
```

```
Sub ボタン1_Click()
 Dim now_t As Double
 Dim set_t As Double
 Dim toi As Long
 Dim kami As String
 Dim simo As String
 Dim kai As String
 Dim hantei  As Long
 Dim sht2 As Worksheet
 Set sht2 = Sheets(2)
 set_t = InputBox("設定時間を秒で入力してください。")
 hantei = 0
 For i = 1 To 10
  toi = Int(Rnd() * 100) + 1
  kami = sht2.Cells(toi, 1)
  simo = sht2.Cells(toi, 2)
  Cells(Int(Rnd() * 3 + 1) + 4, 1).Value =
sht2.Cells(Int(Rnd() * 100) + 1, 2).Value
  Cells(Int(Rnd() * 3 + 1) + 4, 1).Value =
sht2.Cells(Int(Rnd() * 100) + 1, 2).Value
  Cells(Int(Rnd() * 3 + 1) + 4, 1).Value =
simo
  now_t = Timer
  kai = InputBox(kami)
  Do While Timer < now_t + set_t
   DoEvents
   If simo = kai Then
    MsgBox "とった！"
    hantei = hantei + 1
    Exit Do
   Else
    Beep
    MsgBox "おてつき！！"
    Exit Do
   End If
  Loop
  If Timer >= now_t + set_t Then
    hantei = 0
  End If
 Next
 If hantei = 10 Then
  Select Case set_t
   Case 1 To 3
    MsgBox "A級（名人クラス）"
    If Range("C2").Value = "" Or Range("C2").
Value > set_t Then
     Range("E2").Value = InputBox("おめでとう！
お名前をどうぞ！")
      Range("C2").Value = set_t
    End If
   Case 4 To 6
    MsgBox "B級（標準クラス）"
    If CDate("23:00") < Time Then '←おまけで
す。今が23時以降ならメッセージが！
      MsgBox "タコができるまでがんばりましたね"
                  'CDate("23:00")は23時の意味です。
    End If                 '問題文にはありません。
   Case Else
    MsgBox "C級（初心者クラス）"
  End Select
 Else
  MsgBox "かるた会に入りましょう。"
  If CDate("8:00") > Time Then     '←おまけで
す。今が朝8時前ならメッセージが！
    MsgBox "青春全部かけたって強くなれない？かけてか
ら言いなさい"
  End If                 '問題文にはありません。
 End If
End Sub
```

さくいん

表紙・本文デザイン／
エッジ・デザインオフィス
DESIGN+SLIM　松　利江子

Excelでまなぶプログラミング

●編　者—実教出版編修部

●発行者—小田　良次

●印刷所—共同印刷株式会社

●発行所—実教出版株式会社

〒 102-8377
東京都千代田区五番町 5
電話〈営業〉(03) 3238-7777
　　〈編修〉(03) 3238-7332
　　〈総務〉(03) 3238-7700

002402021

ISBN 978-4-407-35022-7